新潮新書

大島真生
OSHIMA Manabu

公安は誰を マークしているか

433

新潮社

〈写真提供〉
共同通信社（41、59、79、91、93〈２点とも〉、151、180頁）
新潮社写真部（68、108、133頁）
時事通信社（198頁）

はじめに

小説やテレビドラマで「公安が動いている」という台詞が出てくると、何か陰謀めいたイメージを抱く人も少なくないだろう。ここで言うところの公安は大抵、警視庁公安部を指している。警視庁特命係の杉下右京役で水谷豊さんが主演している「相棒」でも、警視庁湾岸署の青島俊作役で織田裕二さん主演の「踊る大捜査線」でも、同じ警視庁内部の人間でありながら刑事を尾行するなどコソコソとスパイめいた動きを見せるのが、おおよその場合、公安部の役回りである。では本当に公安は刑事を尾行したりすることがあるのだろうか。その答えは「無いとは言えない」である。

全国四七都道府県の警察を監督する警察庁の警備局を中心に、警視庁公安部、各道府県警の警備部の公安担当部門、そして全国に散らばる警察署の公安担当部門を総称して「公安警察」と呼ぶ。また、機動隊などを使って公共施設や皇室、要人などの警備に当たる「警備警察」と、公安警察はまとめて「警備・公安警察」と呼ばれる。警察内部では、警備・公安警察を単に「警備警察」と省略して呼ぶこともあるが、本書の中ではこの広義の警備警察という用語は使用しない。

公安警察の仕事を大まかに言えば、日本という国家の体制を脅かす組織の取り締まりである。警察にはほかに交通違反を取り締まる「交通警察」や、「刑事警察」という機能などがあるが、なかでも殺人や窃盗、詐欺といった個人に対する犯罪を取り締まる刑事警察と、国を脅かす犯罪を取り締まる公安警察は警察組織の二枚看板だ。

公安警察は暴力革命やテロ、ゲリラを企てる組織を壊滅させ、外国からのスパイ（工作員又は諜報員）を摘発するのが具体的な仕事である。外国のスパイなどを担当する公安警察内部の部門を、さらに細分化して外事警察ともいう。そして人員、経験、ノウハウ、あらゆる点からも公安警察最強の組織が警視庁公安部なのだ。警視庁以外の道府県警は警備部内に警備警察の担当部門と公安警察の担当部門が並存しているが、多くの陣容を誇る警視庁だけは、警備部と公安部を分けているのである。

二五万人余りにのぼる全国の警察官のうち、約四万三〇〇〇人が警視庁に所属している。二番目に多い大阪府警察本部でも二万一〇〇〇人程度。最も少ない鳥取県警察本部は一一〇〇人余りしかいない。ちなみに名称も大阪府警察本部や神奈川県警察本部のように、警視庁を東京都警察本部と呼ばないのは、戦後の都道府県単位の自治体警察システム構築の過程でも、歴史のある「警視庁」の名前は残すべきという意見が警察内部で強かったからとされる。

国内最大の人口を抱える首都東京を守る警視庁が、四七都道府県の警察で突出した人員を抱えるのは当然と言える。さらに、未だに党の綱領で社会主義革命路線を堅持する共産党の本部も、「美し過ぎるスパイ」で話題となったように冷戦終結後も世界各国にスパイ網を張り巡らせているロシアの大使館も、多くの日本人を拉致した北朝鮮の日本側窓口である在日本朝鮮人総連合会（朝鮮総連）本部も東京にある以上、警視庁公安部が最強の実働部隊とならざるを得なかったのは、必然であったのだ。あまりに突出しているため、警備警察と公安警察双方の予算を管理する立場の警察庁警備局も、警視庁公安部には一目も二目も置いているというのが現実である。

だからこそ「反体制勢力に買収された疑いのある警察官がいる」といった情報があれば、仲間の警察官でも尾行をしかねないのが公安警察なのだ。実際、かつては日本共産党の機関紙「赤旗（現しんぶん赤旗）」を親族が購読していることがわかったことから、共産党のシンパと疑われて公安捜査員に尾行された警察官もいたのだ。

筆者は新聞記者として警視庁公安部と警備部を取材対象とする警視庁記者クラブの警備・公安担当を三年半務めた経験から、公安警察とは何かを知るためには、最強部隊である警視庁公安部とは何かを知ることが最も近道と考えている。

テロやスパイなどと対峙する仕事柄、秘密のベールに包まれた部分が多い公安警察だが、本書が読者にとって警視庁公安部、ひいては公安警察を知るための一助となれば幸いである。

※文中の組織概要や事件の状況は執筆時のものである。また、一部敬称を略し、一部仮名とした。

公安は誰をマークしているか●目次

「公安」と名の付く各組織と指揮系統

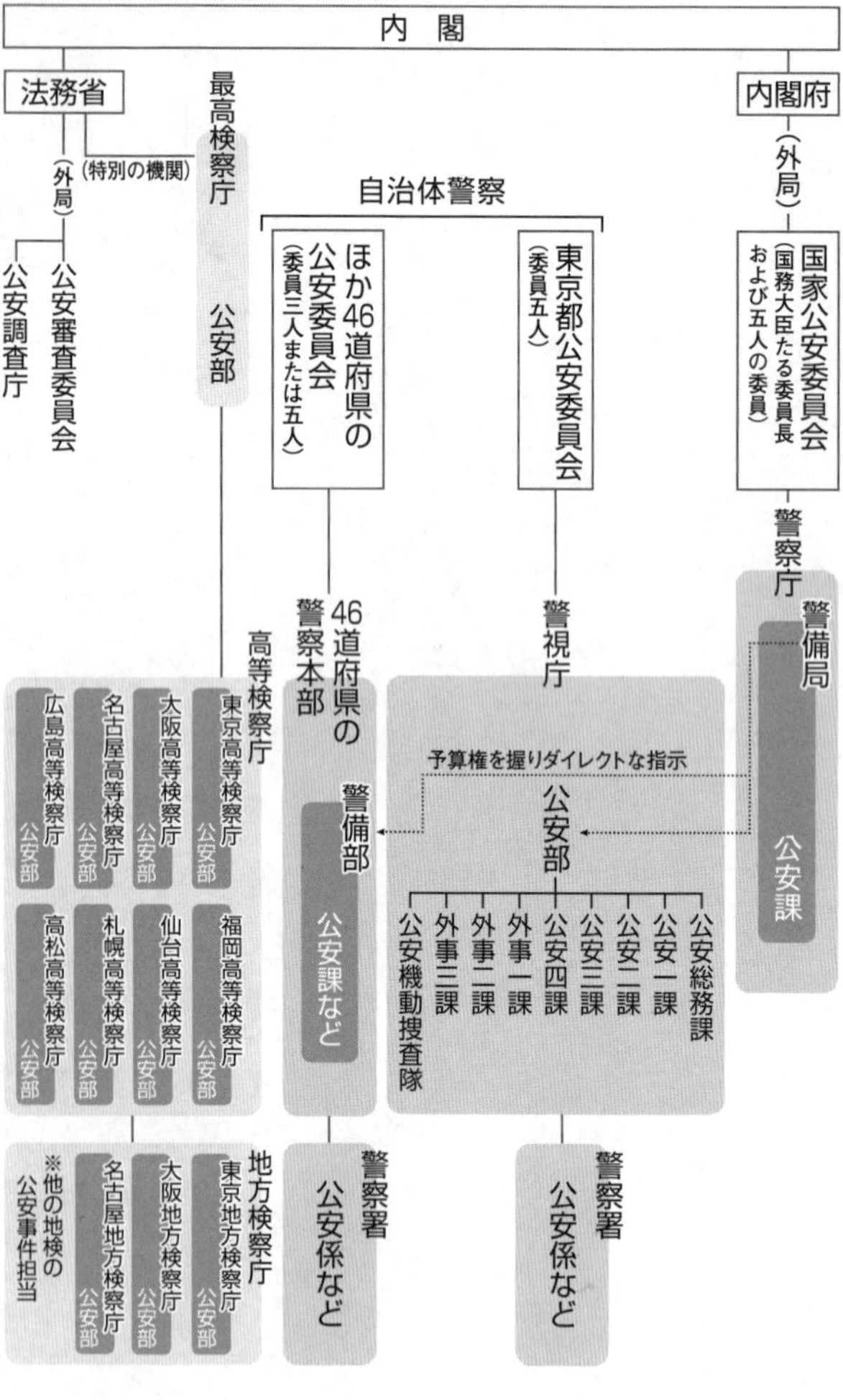
内閣
法務省
（外局）
（特別の機関）
公安審査委員会
公安調査庁
最高検察庁
公安部
自治体警察
ほか46道府県の公安委員会
（委員三人または五人）
東京都公安委員会
（委員五人）
内閣府
（外局）
国家公安委員会
（国務大臣たる委員長および五人の委員）
警察庁
警備局
公安課
予算権を握りダイレクトな指示
警視庁
公安部
公安総務課
公安一課
公安二課
公安三課
公安四課
外事一課
外事二課
外事三課
公安機動捜査隊
46道府県の警察本部
警備部
公安課など
高等検察庁
東京高等検察庁 公安部
大阪高等検察庁 公安部
名古屋高等検察庁 公安部
広島高等検察庁 公安部
福岡高等検察庁 公安部
仙台高等検察庁 公安部
札幌高等検察庁 公安部
高松高等検察庁 公安部
地方検察庁
東京地方検察庁 公安部
大阪地方検察庁 公安部
名古屋地方検察庁 公安部
※他の地検の公安事件担当
警察署
公安係など
警察署
公安係など

序章　公安とは何か

わかりにくい組織

一口に「公安」と言っても、国家公安委員会や都道府県の公安委員会、公安調査庁、警視庁公安部など公安を冠した組織はいくつもある。では公安とは何か。

日本語の辞書をひくと「公共の安寧」と書かれているが、今ひとつピンとこない。では漢字の母国である中国ではどうか。中国語辞典で公安をひくと「公安人員」の日本語訳として「警察官」が出てくる。公安は中国では警察を意味するのである。確かにテレビのニュースで、中国のパトカーのドアに公安と書かれているのを目にすることがある。

実は日本の国家公務員の一般職という区分（一般企業で言う総合職に相当）には、行政職や税務職、教育職、医療職、研究職といったさらなる分類があり、その中に公安職というものがある。公安職は「公安職俸給表」に基づき給料が決められており、警察庁の警察官や海上保安官などの国家公務員に加え、人事院規則によって地方公務員である都道府県警の警察官にも公安職俸給表が適用される。日本の領海を侵犯する中国漁船や北朝鮮の不審船を取り締まる海上保安官は「海上警察権」を与えられている上、地方公務員の警察官は全国に二五万人以上いることを考えれば、日本でも公安と警察は広い意味では類義語といえるだろう。

現在の日本で捜査を担う警察組織は、都道府県単位の地方警察（自治体警察）のみである。一方で、米国には国内各州をまたにかけて捜査する国家警察としての連邦捜査局（ＦＢＩ）と、カリフォルニア州警察などの州単位やニューヨーク市警のような市単位などの地方警察が並存している。そのせいか、日本の警察庁も国家警察であると誤解されることが少なくない。だが、警察庁は各都道府県の警察本部の間を調整し、予算を差配する国家の行政機関に過ぎない。だから警察庁が現場の捜査を指揮する中央集権的な国家警察のシステムは、現在の日本には一部の特例を除いてない。また警察庁の人間が直接捜査を行うこともなく、ＦＢＩのような捜査機関としての国家警察も存在しないのである。

一方、時折、新聞記事に登場する公安委員会はどんな組織だろうか。国家公安委員会は警察庁を監督し、都道府県の公安委員会は各自治体の警察本部を監督する組織である。戦後、警察組織の政治的中立性を確保するため、内閣や知事との間のワンクッションとして置かれたのが公安委員会なのだ。国家公安委員会は、国務大臣である委員長と五人の委員で構成されるが、過去五年以内に警察組織に身を置いていた人物は委員にはなれず、同じ政党に所属している人物が三人以上同時に委員になることもできない。公安委員会は、警察とも政治とも一定の距離が保たれるようになっているのである。

もう一つ、報道によく登場するのが、公安調査庁である。調査の対象が、公安警察と重複するため、混同されがちだが、両者はまったく別の組織。公安調査庁については、終章で解説を加えることとする。

なぜ国家「警察」委員会ではないのか

公安と警察が広い意味で類義語であるにもかかわらず、なぜ国家公安委員会は一般人にも分かり易い「国家警察委員会」ではないのだろうか。その理由として、警察とは一定の距離を保った組織だという意味があるようだ。実際、国会議事録を見ると、終戦間もない昭和二二（１９４７）年当時は「警務委員会」という、警察委員会に近い名称の採用が国会で取りざたされていたことが分かる。一方で、こんな説もある。

日本の警察制度は戦前、国家警察を基本としていた。当時は首都警察として国の機関であった警視庁と、各道府県の警察部が旧内務省の指揮下にあった中央集権的な体制だったのである。その中でも「特高」と呼ばれて恐れられたのが特別高等警察だった。

通常の事件捜査や交通取り締まりを担う警察とは別に、共産主義などの反政府思想を取り締まるために置かれたセクションで、明治四四（1911）年に初めて警視庁に置かれ、昭和三（1928）年までに全国の警察に広まった。だが特高警察は次第に政治弾圧をエスカレートさせ、終戦を機に民主化を進める連合国最高司令官総司令部（GHQ）によって解体されたのである。

平成一三（2001）年九月一一日、世界貿易センタービル（WTC）に航空機二機が突っ込むなどした米中枢同時多発テロ以降、FBIによるアルカーイダ関係者への拷問疑惑や誤認逮捕などの人権侵害が批判されたように、反体制の主義主張を取り締まる警察権力が、常に「やり過ぎ」の危険性を孕んでいるのは古今東西共通である。ある警察OBは「特高が鬼子扱いされていた終戦直後の警察組織再編の過程では、とてもじゃないけど『国家警察委員会』なんて名前をつけることはできなかったのではないか」と自説を述べていた。

戦前、巨大な権限を持っていた内務省は、敗戦を機に自治省（現総務省）、建設省（現国土交通省）、厚生省（現厚生労働省）、警察庁に分割された。実は昭和二二（１９４７）年の段階で警察の中央組織は、警察庁ではなく「公安庁」というネーミングが予定され、戦前の中央集権的体制を温存しようとしていたことは一般にほとんど知られていない。公安庁の長官に大臣を据え、警務委員会が外部からチェックするという緩やかな組織改編が目論まれたのだ。だが、警察機構の地方分権化を求めるＧＨＱの強い意向で公安庁構想は失敗に終わり、昭和二三年に旧警察法が施行されて「公安委員会」が発足。昭和二九年には現行警察法が施行され、警察庁と都道府県単位の自治体警察が発足したのである。

警察内部では戦前、ほとんど用いられることがなかった公安という用語が戦後、日本でも中国のように広い意味で警察の類義語として用いられるようになった理由のひとつとして、占領下の日本警察を管理していたＧＨＱのセクション「Public Safety Division」の日本語訳が「公安課」だったからとも言われる。だからこそ警察組織の司令塔として公安庁を置こうとしたというわけだ。公安庁は海上警察も指揮下に置く計画だった。結局、運輸省（現国土交通省）の外局として海上保安庁が新設され、警察組織の肥大化は阻止されたが、公安委員会や公安職、戦後の国鉄（現ＪＲ）でスリや痴漢の取り締まりに当たっていた鉄道公安官（現鉄道警察隊員）といった名称は、公安庁構想の過程で、公安が警察という意味で用いられたことの名残ともいえるのだ。

「特高」の流れ

終戦（昭和二〇年）後のＧＨＱの占領政策が、社会主義・共産主義を掲げる東側諸国の台頭により、ＧＳ（民政局）の主張した民主化路線からＧ２（総参謀第二部）の反共路線に、わずか数年で急転換したことはよく知られる。昭和二四（１９４９）年の中華人民共和国成立と翌二五年の朝鮮戦争勃発により、西側各国では赤い旗をシンボルに掲げる社会主義者や共産主義者を排除する「赤狩り」（レッドパージ）が巻き起こり、日本でも共産主義者が次々と排除された。そんな中の昭和二七年四月、警視庁に新設されたのが警備二部、現在の公安部である。特高警察の流れを汲む組織が冷戦の本格化を追い風にして復活したのである。ちなみに警備一部はもちろん、現在の警備部だ。

ではなぜ旧特高警察が公安の名を冠したのか。なぜ警視庁警備二部は公安部と改称し、なぜ全国の警察に置かれた公安係などのセクションが「公安」の名を採用したのか。その正確な答えは不明だが、ここで言う公安は、テロやスパイと対峙する狭義の公安であり、警察の類義語としての広義の公安ではない。戦前への郷愁を抱えた特高出身者に戦後、温存に失敗した中央集権的な警察機構のシンボルとして、公安庁の「公安」の名が好まれたということがあるのかもしれない。だからこそ、警備二部が新設された昭和二七年、共産党など反体制勢力の情報収集を行うために法務省の外局として新設された公安調査庁も、特高出身者の再就職の大きな受け皿だったことにより、公安調査庁というネーミングになったのだろう。

　警察の類義語としての公安の意味で名付けられた先述の公安委員会が、公安警察や公安調査庁の謀略的なイメージと一線を画するのは、こうした事情からなのである。

　ここから、公安警察最強の実働部隊で「公安の中の公安」ともいうべき警視庁公安部について述べていきたい。公安部は地上一八階建ての警視庁本部庁舎の一三階から一五階まで三フロアを占める。公安部の人員は一一〇〇人規模にのぼる上、東京都内に一〇二か所ある警察署には、警備課員ら警備・公安担当の捜査員も総勢一二〇〇人程度おり、警視庁の公安部門はあわせて二千数百人の規模を誇る。

警察署の数が全国二位の六九か所である北海道警や、三位で六四か所である大阪府警と比較しても、公安部を中心とする警視庁の公安部門の規模やネットワークの広さは、やはり群を抜いている。ちなみに「空の玄関」として国際線の発着枠もある羽田空港を管轄する東京空港警察署には警備課のほかに、独立した外事課も置かれている。

一方で新島警察署や八丈島警察署など島嶼部の警察署には、署員が少ないことから警備課などの課はないが、警備・公安部門の担当者はいるのだ。島ではなくても、規模の小さい五日市警察署（あきる野市）には交通警備課という課があり、交通課と一つになっている。

指令はダイレクト

実は公安警察は警察庁警備局を中心に、特高警察時代のシステムを密かに残している。建て前上は自治体警察だが、警視庁公安部や道府県警の警備部は予算を握る警備局から直接指示を受ける立場にあるのだ。上意下達の国家警察システムがそっと残されているのが公安警察なのである。

とはいえ戦後の公安庁構想が実現しなかったことから、形式上は各自治体警察に独立性が認められているため、「力」のある警視庁公安部には時として警備局のコントロールが利かないこともある。また公安部は人員が多いことから、警察庁の要請で他の道府県警警備部の応援に駆り出されるケースも多々あり、余計に警察庁は警視庁に一目置かざるを得ないのである。ただし原則は警察庁警備局から、公安部や道府県警の警備部、各警察署の公安部門へと、指示系統は縦に統一されているのだ。

この指示系統には道府県警の本部長や各警察署の署長は入っていない。ここが刑事警察などとは大きく異なる点だ。「踊る大捜査線」でも描写されているように、所轄の刑事課の刑事と警視庁本部の刑事部捜査一課に所属する刑事の間には大きな溝がある。一方で捜査本部の会議には湾岸署の署長も出席している。だが、警視庁公安部からは所轄の公安担当へダイレクトに指示がくるのである。所轄の公安担当者は公安部の忠実な手足であり、署長の部下という意識は希薄なのだ。秘密主義がはびこる公安警察は、時として所轄の公安担当者に、署長さえも無視させるのである。

この秘密主義は刑事警察と公安警察の不仲にもつながっている。平成七（1995）年に摘発されたオウム真理教の一連の事件では、刑事警察や公安警察の枠を越えて全ての警察力が捜査に投入されたが、公安警察の秘密主義は仲間であるはずの刑事たちに対しても徹底されており、刑事たちの不評を買った。しかも、この不仲は相当根深いものなのだ。警視庁の刑事は、公安部員を「公」の文字から侮蔑的に「ハム」と呼んでおり、「ハムの奴らは信用できない」などと、よく口にするのである。公安部員は公安部員で「俺たちは国を守る仕事をしている」との意識が強く、刑事警察より高い次元にいるというプライドが見え隠れする。この点も、刑事たちに「鼻につく」と感じさせるところなのである。

警視庁公安部には一二ページの図のように公安総務課のほか、公安一課から四課までと外事一課から三課まで、計八つの課がある。それぞれの課は、公安総務課は共産党を、公安一課は極左暴力集団（過激派）を追うというように捜査対象ごとに分かれている。

本書では一章ごとに、それぞれの課の捜査手法や実力、変遷について、実際の事件や捜査事例を挙げながら解説を試みたい。オウム真理教事件など人々の記憶に残る大事件のほかに、公安警察がいかにさまざまな事件捜査を手がけてきたかが、お分かりになるだろう。

第1章　警視庁公安部　公安総務課vs共産党

共産党ビラ配り事件

一人の男性が、商店街や路地をめぐりながらビラを投函し続けていた。男性の姿は様々な角度から、ビデオ撮影されている。映像には男性のほかにも、ビデオカメラを潜ませているとみられるバッグを抱えた男たちが、何人もフレームインしては消えていった――。

これは平成一七（２００５）年一月一八日、東京地裁の法廷で五〇分間に渡って流されたビデオ動画の中身である。

男性は被告人で、東京都中央区居住の社会保険庁（当時）係長、山越利明（仮名）だった。平成一五年一一月の総選挙前、日本共産党の機関紙「しんぶん赤旗」の号外などのビラを多数配っていたとして、公僕の政治的行為に制限規定を設けた国家公務員法違反の容疑で翌一六年三月三日、警視庁公安部の公安総務課に逮捕され、同法違反の罪に問われていたのである。立件まで多少時間がかかったのは、もちろん慎重に証拠を積み上げていたからである。

警察が尾行中に撮影した動画を法廷で流すのは前代未聞のことだった。山越が平成一五年一〇月一九日から翌月三日までの間、東京都中央区のマンションの集合ポストや商店の郵便受けなど計一二六か所に「しんぶん赤旗」号外などのビラを投函して政治的行為を行っていたという事実を立証するためで、検察側が映像を証拠申請し、地裁が採用した経緯がある。

だが法廷で明らかになったのは、山越がポストにビラを配り歩く姿だけではない。公安総務課員らが無線で「いま配っています」などと連絡しあいながら山越を追う様子だった。

盗撮でなく「秘撮」

事件は当初から、とにかく異例だらけの展開をみせた。三月三日の逮捕と同時に、公安総務課は日本共産党の千代田地区委員会を家宅捜索している。だが逮捕後、四八時間の制限時間内に身柄の送検を受けた東京地検は同五日、勾留請求をせずに山越を釈放し、直ちに在宅で起訴したのだ。検察は山越の行為の違法性は認めたものの、公安総務課の行った逮捕は行き過ぎだったと判断したのである。検察が「逮捕は嫌がらせに過ぎない」と暗示したというわけだ。

東京地裁は平成一八年六月二九日、罰金一〇万円、執行猶予二年（求刑・罰金一〇万円）を言い渡した。判決理由では「公務員の政治的中立性を著しく損ねた」と指摘しつつ「休日に職務と関係なく行った行為で、直ちに行政の中立性や国民の信頼を侵害してはいない」と、実刑ではなく執行猶予刑にとどめた訳を説明したのである。

一方、山越側が控訴して行われた二審で東京高裁は真逆の司法判断を下す。国家公務員が政治的行為の制限違反で刑事責任を問われたのは、北海道猿払《さるふつ》村の郵便局員が昭和四二（１９６７）年の衆院選で日本社会党（当時）の候補者のポスターをはり、摘発された猿払事件（一・二審無罪、最高裁で罰金刑確定）以来だった。今回、一審では猿払事件の最高裁判例を踏襲したわけだが、高裁は違ったのである。

「原判決を破棄する。被告人は無罪」。平成二二（２０１０）年三月二九日午前一〇時過ぎ、東京高裁一〇二号法廷で中山隆夫裁判長は無罪判決を告げた。しかし、東京高検は判決九日後の四月七日、二審判決を不服として最高裁に上告している。司法判断の是非は最高裁に委ねるとしても、公安警察の捜査手法の詳細が、公の場で動画という目に見える形で開陳されたのは、極めて異例のことだった。これは、それだけ判例が少なく悪質性を含めた立証が難しい事件だったからである。

尾行は二九日間に及び、一日当たり一一人の捜査員が投入された。尾行しながら至近距離でビデオ撮影したり、遠方から撮ったりと、ビラ配布を続ける山越の一挙手一投足を映し出していた。通行人を装い近付く捜査員が目まぐるしく入れ替わる。ときに小走りで山越の前方に先回りする捜査員の姿も、映像の隅に小さく映し出された。

隠密且つ執拗な尾行に、傍聴人たちは驚きを隠せなかった。それは戦後一貫して日本共産党の監視を続ける公安警察の執念が窺える映像だったからである。

ちなみに公安警察ではこうした隠し撮りを「秘撮」と呼んでいる。「盗撮ではないか」と質問をぶつけると、「盗んでいるわけではない」「警察が盗むわけない」などと必ず反論が返ってくるのだ。自分が尾行されていないかをチェックすることを、公安警察では「点検」するという言い方をするが、山越は動画でも点検している様子は窺えなかった。山越自身、まさか自分が捜査対象になっているとは思っていなかったからであろう。

「筆頭課」の大手柄

選挙にまつわる事件にはこんなものもあった。

警視庁東京都議会議員選挙違反取締本部は平成元（１９８９）年七月一二日、都議選豊島選挙区で当選した共産党候補派の運動員、坂田由美子（仮名）を公職選挙法違反（法定外文書頒布）の疑いで逮捕した。容疑の中身は選挙運動期間中の六月三〇日の夕方に、候補者の写真を掲載し投票を依頼する内容が書かれた都選挙管理委員会非公認の文書を選挙区内の民家二十数軒に投げ込んだ、というものである。

実はこの共産党側の選挙違反摘発は公安総務課の手柄によるものだった。国政選挙や大型の地方選挙で警視庁は、知能犯を扱う刑事部捜査二課を中心に取締本部を設置して、各警察署の刑事課だけでなく、地域課なども駆使してアンテナを張り、選挙違反に目を光らせる。

これは他のどこの道府県警でも同じである。実はこの際、共産党系の候補者陣営については公安警察部門も独自に監視を行い、違反が確実となれば取締本部と連携して摘発するのだ。警視庁では公安総務課が自ら共産党の選挙情報を収集する一方で、各警察署の警備課を使って違反情報を収集しているのである。さらに共産党の票読みも行っている。

そのネットワークにかかったのがこの選挙違反だったのだ。共産党は徹底した秘密主義である上、組織だった選挙を行うため、選挙違反の摘発例は少ない。この事件は内容的には至極普通の選挙違反だが、中々尻尾をつかめない共産党陣営を摘発した点で、公安総務課や公安部ＯＢの間では、語り種となっているほどの大手柄だったのである。

公安総務課は警視庁公安部の筆頭課である。名称からは事務方のイメージを抱くが、いわゆる「総務」の仕事をしているのは課内でもごく一部で、実際には捜査を担うセクションである。公安総務課の「総務」とは、総合的な「事務」ではなく、総合的な「業務」という意味なのだ。部内では「コウソウ（公総）」などと呼ばれている。

公総の部屋はロッカーで埋め尽くされ、迷路のような状態になっており、公安部長、二人の公安部参事官の執務室もある警視庁本部の一四階に置かれている。

公安総務課長は課長であると共に、公安部長と二人の参事官に次ぐナンバー4の首脳だ。このため、他の課が手掛ける事件の決裁権者でもある。だから公安総務課長の「待った」で他の課の事件着手が見送られることもあるのだ。

公安部はこの四首脳の下に公総以外の課長七人と、課に準じる公安機動捜査隊の隊長一人の計八人の幹部がいる。ちなみに四首脳の中で警視庁採用のいわゆる「たたき上げ」は一人だけだ。参事官の一方の椅子のみで、部長ともう一方の参事官、公総課長の三人はキャリアである。

日本のキャリア官僚制度は廃止が決まっているが、この三ポストが東大出身者らエリート警察官僚の椅子であることは今後も変わらない予定だ。他の課長は大半がたたき上げ組で、外事の課長ポスト三つのうち一つがキャリアに割り当てられている。現在は外事三課長で、この課長の椅子一つもエリート枠であることは変わらないだろう。

なぜ共産党を追い続けるのか

先述したように特高警察のDNAを受け継ぐ公安警察は、日本共産党を最大の監視対象としてきた。特に左翼勢力の中でも戦後も一貫して暴力革命路線を堅持しながら、国会議員まで輩出してきたからである。また共産主義国家のスパイを監視するために、公安警察には外事部門があるとも言える。

警視庁公安部の筆頭課である公総は元々、国内の共産勢力で最も影響力のある日本共産党を徹底マークするために出来たセクションである。庶務担当と管理担当が公安部全体の会計や事務処理、人事管理など「総務」部門を担当しているが、大半が捜査部門で占められている。

また、管理担当は捜査にもタッチする。管理担当内にはサイバーテロの担当者が複数いるのだ。さらに、警察では皇室の警護を他の要人の「警護」と区別して「警衛」と呼ぶが、警視庁管内で天皇・皇后両陛下が式典などに参加する際、警備部が警衛にあたるだけでなく、公安部も「私服本部」という警衛本部を立ち上げる。反皇室を掲げる「要警戒対象」が不穏な動きをみせないか、私服の公安捜査員が徹底マークするのだ。

この私服本部は「公安指揮所」と呼ばれる無線室に設置され、管理担当が無線で現場の捜査員を指揮するのである。公安指揮所は、警視庁本部一七階の「総合指揮所」という大変広い無線室の一角にある。ただ総合指揮所は一八階部分を吹き抜けにした構造で大画面が備えられており、「室」というよりは「会場」といったイメージだ。主要国首脳会議（サミット）開催や米大統領来日などの大型警備や大型災害の際に警視総監を本部長とする最高警備本部や警備部長を本部長とする総合警備本部が置かれる場所である。

ちなみに、警視庁警備部には警衛課があり、皇室の警護にあたる一方、警備部の警護課が首相や大臣、来日した国賓などの要人警護にあたるのだ。岡田准一さん主演の人気ドラマで話題になったいわゆるSP（セキュリティ・ポリス）とは、首都東京を管轄する警視庁の警護課員のことなのである。

「秘聴」「基調」の意味

カメラや動画の隠し撮りを「秘撮」と呼んでいるように、公安警察がよく使用する用語についてもここで説明をしておきたい。盗聴は「秘聴」と呼ぶ。

盗聴を公式に認めるわけにはいかないだろうが、公安警察は当然のことながら「秘聴」を行っている。盗聴は個人のプライバシーを侵害するとして、電波法や電気通信事業法に抵触する行為だ。

昭和六一（1986）年に発覚した日本共産党幹部宅盗聴事件では、神奈川県警警備部公安一課の巡査部長と巡査の二人が同年一一月、東京都町田市の共産党国際部長宅近くのアパートに機器類を持ち込み、部長宅の電話の通話内容を盗聴しようとしたが、未遂に終わったとして東京地検特捜部が二人を起訴猶予処分にしている。

つまり公安捜査員が盗聴をしようとしていた事実を検察が認定した上で、未遂なので起訴して罰するまでには及ばないと判断したということだ。それは、公安警察による盗聴は事実としてあるという意味なのである。

公安警察では捜査対象の住所、氏名、生年月日、家族構成、仕事、出身地など基本的なことを調べることを基礎調査、略して「基調《キチョウ》」と呼んでいる。公安捜査の初歩である。捜査対象の自宅や職場での様子を盗撮したり、尾行したりして、日常の行動を監視することを刑事警察でも公安警察でも行動確認、略して「行確《コウカク》」と呼ぶが、こうして相手を徹底監視することを公安警察では独自に「視察」と呼んでいる。

だから、捜査対象も「視察対象」となる。公安捜査員の日常会話では、視察対象か否かを「うちの課で視《み》てる」「うちの課では視てない」などと表現するのである。

一方、皇族に危害を加えたりテロを起こしたりしそうな相手は「要警戒対象」という言い方をし、隠語では「マル要《ヨウ》」とも言う。この「対象」という言葉も多用する。

また捜査も「業務」や「作業」と呼ぶことが多い。ホテルの宿泊者を調べる捜査は「ホテル作業」、基調や視察（監視）で不審者の実態解明を行うことを「解明作業」などと呼んでいる。

ナカノからゼロへ

「作業」のうち、特に重要とされるのが、共産党を中心に相手（対象）の組織に事実上のスパイをつくる作業である。相手の組織に公安捜査員を送り込む潜入捜査は危険が多いので、相手の組織の人間を籠絡して、警察の味方にしようという手法が重んじられている。

この相手の組織に「協力者」をつくる作業は「協力者獲得作業」と呼ばれている。協力者獲得作業などの重要任務に当たる班を特に「作業班」と呼ぶ。これは公安部の各課にあり、それぞれ同様に「作業班」と呼ばれる。

協力者獲得作業は、警視庁公安部と他の道府県警の捜査員同士でバッティングしないように、警察庁警備局が報告を受けながら管理している。公安部の作業班は各道府県警の作業班と共に警察庁警備局から一元的に管理されたエリートの秘密部隊であり、「四係」や「ナカノ」「サクラ」「チヨダ」「ゼロ」と符牒を変えながら現存する。

四係の名前の由来は戦後、警察庁発足前の過渡期にあった警察庁の前身となる国家地方警察本部の警備課（現警察庁警備局公安課）に左翼担当の一係、右翼担当の二係、外事担当の三係があり、四係が公安警察最大の監視対象である日本共産党、略して「日共」

の担当だったことからきている。現在、東京都府中市にある警察大学校は以前、東京都中野区にあり、警察大学校が四係の秘密拠点となっていたため、四係の通称で呼ばれる一方、ナカノという隠語でも呼ばれていた。

そしてその後、警察大学校の「さくら寮」の名からサクラというコードネームが与えられるようになったのである。中野の警察大学校が拠点となったのは、旧日本軍で諜報員（スパイ）を養成していた陸軍中野学校の名残という説が根強い。

先述した共産党幹部の電話を盗聴しようとした神奈川の公安捜査員は、協力者獲得作業ではないが、盗聴という非合法な任務を指示された「サクラ」部隊だったとされる。この事件でサクラの名が外部に知られたことから、サクラは東京都千代田区霞が関に拠点を移し、新たにチヨダのコードネームが与えられ、さらに「建て前上は存在しない」という意味でゼロというコードネームに再び変えられたのである。

だがゼロの名も外部に知られるようになったため、ゼロの符牒も現在は使われていないようだ。ただいずれにしても、公総には「サクラ」部隊が現存し、それは対共産党の精鋭部隊であり、サクラの中でも保守本流の部隊なのである。

一方、所轄にも協力者獲得作業を行う作業担当がいる。これを管理する部署が公安部の各課にある「指導班」と呼ばれるセクションである。所轄の作業を指導するという表現を使うための独特なネーミングである。公安部各課の「作業班」及び「指導班」が、相手の組織に協力者という名の事実上のスパイをつくることを最重要任務とする秘密部隊なのである。

スパイとまではいかないが、相手の組織やその周辺に、ある程度の情報が期待できる人間をつくることを「提報者獲得作業」と呼ぶ。情報提供者（エージェント）は「情報」を「提供」してくれる存在であるとの意味で公安警察では「提報者」と名付けているのである。これも協力者獲得作業ほどではないが、公安捜査員にとっては重要な仕事なのだ。

協力者にできるかどうか、何度か会って感触を確かめる行為を「面接」、協力者にスパイ活動をさせることを「運営」するという。協力者と密かに会うことを「接触」、運営にかかる資金は「運営費」、接触にかかる資金は「接触費用」などと呼ぶ。運営費は、要するに報酬であり、接触費用は協力者に飲み食いさせる代金である。

公安捜査員は「面識率」という単語もよく使用する。例えば共産党の集会があり、集まった一〇〇人のうち何人の顔が分かるか、そのパーセンテージ（割合）が面識率である。

相手の組織の人間の顔を見て、名前などの人定が分かるのが公安捜査員としては最も理想だ。また名前は分からなくても、何度か見たことがあったり写真で記憶したりしていて、相手の組織の関係者であることは間違いないと確認できることも重要である。一〇〇人中、三〇人しか確認できなければ面識率は三〇％、八五人確認できれば八五％というわけである。こうした作業を経て、逮捕・摘発を担当するのが「事件班」である。事件班も、事件を扱わない公安四課を除く公安部の各課にそれぞれ存在するのだ。

オウム真理教の監視

公総は元々、共産党をマークするための組織だったが、日本の政治体制を脅かすようなカルト（反社会的な宗教団体）も、公総の監視対象となっている。

平成二二（２０１０）年六月二一日午前九時、公総は東京都足立区保木間のオウム真理教主流派「アレフ」（以下オウム真理教）の教団施設「新保木間施設」に十数人で踏み入った。家宅捜索の容疑は、オウム真理教の出家信者で同施設に住む会社員、山谷忠博（仮名）が同年一月一四日、「バスに乗り遅れて大事な商談に遅れた。損害をどうしてくれるんだ。殺してやる」などと電話で都内のバス会社の社員を脅し、賠償金名目で現金三〇〇〇円を自分名義の口座に振り込ませたというものだった。

バス停ではない場所で、乗車できなかったことに立腹して言いがかりをつけたという案件だった。警視庁本部が動くほどの事件とは思えない。地元の竹の塚警察署で十分に間に合うはずだ。ではなぜ公総が出張ったのか。それは相手がオウム真理教だったからに他ならない。

松本サリン事件や坂本堤弁護士一家殺害事件、地下鉄サリン事件など一連のオウム真理教事件には、全国の警察が総出で捜査に当たった。特に中心になったのが、多くの事件を立件した警視庁刑事部の捜査一課と、教団の組織解明作業に当たった警視庁公安部だった。

地下鉄サリン事件の僅か一〇日後、平成七年三月三〇日に起きた当時の国松孝次警察庁長官銃撃事件の捜査に公安一課が投入される一方、公安部の他の人員は全てがオウム真理教信者の追跡捜査に投入されたのだった。追跡捜査は公総が中心となり、一時は部内の他課から臨時で配置変えされた捜査員で公総は膨れ上がったのである。

こうした経緯もあり、共産党を追っていた公総に「特殊組織犯罪対策」、略して「特《トク》対《タイ》」というカルトを中心とした宗教団体や宗教的な団体の担当部門が置かれたのである。

日本には政教分離の原則があるとはいえ、世界では宗教が影響を及ぼしたり宗教団体が母体となったりしている政党は数多《あまた》ある。欧州各国にも「キリスト教」を冠した政党は沢山あり、共産主義者など国家を転覆させる可能性のある政治勢力に目を光らせる公安警察、特に公総の特対は政治色の強い宗教団体を注視しているのだ。終末思想など国家を脅かす危険な教義を掲げる宗教団体の徹底監視は公総の重要任務であり、終末思想を掲げて未曾有の事件を起こしたオウム真理教は、現在でも集中的な監視（視察）対象なのである。

統一教会も対象

公総は平成二三（２０１１）年二月七日、四二歳の男をストーカー規制法違反の容疑で逮捕している。だが男は共産党員でも、オウム信者でもなかった。

被害者の女性（三六歳）は、世界基督教統一神霊協会（統一教会）の合同結婚式で男と知り合ったという。

男は前年の六月八日から一一月二八日までの間、五回にわたって東京都新宿区内と杉並区内で女性を待ち伏せたり、横を一緒に歩いたりして「話をしたい」と言いながら付きまとっていたのである。実は男も自称統一教会の信者で、女性とは教義上の婚約関係にあったとされる。だが女性は式後に脱会しており、公総はストーカーと判断したのである。女性が使っていた車の底部に、男が自分名義の全地球測位システム（GPS）機能付きの携帯電話をセットしていたことが理由だった。公総が捜査を担ったのは、もちろん統一教会が特殊組織犯罪対策の対象となっているからである。

統一教会は韓国で文鮮明氏が創立、日本国内の本部は昭和三九（1964）年に設立されている。信者同士がときに国籍の枠を超え、文氏の定める組み合わせに従って一斉に式を挙げる合同結婚式で知られる一方、霊感商法とのかかわりが長年指摘されており、全国霊感商法対策弁護士連絡会が統一教会の責任を追及している。

根拠のない姓名鑑定で不安をあおって印鑑を販売したとして、公総は平成二一（2009）年六月一一日、東京都渋谷区の印鑑販売会社「新世」の社長ら七人を特定商取引法違反（威迫・困惑）の疑いで逮捕した。公総では新世が統一教会と関連が深いとみていたことから、渋谷区や世田谷区、調布市にある統一教会の施設を同時に家宅捜索している。

社長ら七人は平成一九年一〇月から同二一年二月までの間、ＪＲ渋谷駅周辺で勧誘した三〇代から六〇代の女性五人に、会社事務所で姓名鑑定を受けさせた上で「先祖の因縁が家族に出ている。このままでは家族が不幸になる」などと不安をあおり、一本一六万円から高いもので四〇万円もする印鑑計一三本、被害総額四一六万円分を売りつけた疑いが持たれていた。

公安警察が統一教会と関連があるとみている企業や団体は、全国に約三〇〇あるとされ、なかでも新世は印鑑販売では全国トップクラスの実績を誇った。

オウム似の白装束集団

「オウム（真理教）の初期に似ている」。警察庁の佐藤英彦長官（当時）が平成一五（2003）年五月一日の会見でこう述べたことで、不気味な「白装束集団」として一躍関心が高まったのが、パナウェーブ研究所である。中部地方の山間部を迷走した末、同月九日に本部のある福井県に戻った白ずくめの奇妙な集団を覚えている方もいるだろう。

「共産ゲリラから電磁波攻撃を受けている」として仮想の敵を想定し、奇想天外な主張をしている点が、「米軍の毒ガス攻撃を受けている」としていたオウム真理教と、確か

車列の移動を前に警察関係者と話し合う白装束集団メンバー

に似ていたのである。またパナウェーブ研究所の上位組織の千乃正法会も、宗教的な活動を展開する団体だった。

実は警察が最初にこの白装束集団に注目したのは、平成一〇年二月に香川県坂出市で四国電力の送電鉄塔（高さ七三メートル）が倒壊した事件に絡んだものだった。計八〇本もの鉄塔のボルト中、七六本が人為的に抜き取られており、約一万七〇〇〇戸が停電したのだ。香川県警は器物損壊など四つの容疑で捜査していた。

パナウェーブ研究所は当時から、機関紙などで「電磁波攻撃を受けている」などと主張しており、「高圧電線の鉄塔は集団にとって敵側の兵器」（捜査関係者）とみられていたのである。

同年四月には、集団が広島県内の山林所有者に

「（我々が）山に入れるようにしなければ、災難が降りかかる」とする手紙を送りつけたとして、広島県警が強要未遂容疑で全国の関係先を一斉捜索した。

ちょうど集団が「高圧電線は癌の原因」と主張し出した時期だったことから、公安警察は「鉄塔事件への関与の有無を確認したい」（警察OB）と考えたのである。千乃正法会の拠点が東京都渋谷区道玄坂にあったことから、公総も広島県警からの嘱託を受ける形で、家宅捜索に入ることとなった。だが捜索では何も出ず、事件は奇しくも白装束集団が脚光を浴びる直前の平成一五年二月、すべての容疑で時効が成立していたのである。

オウム真理教は、引き起こした凶悪事件とは裏腹に、「あらゆる発想がマンガチック」と評された。毒ガスを防ぐための空気清浄機「コスモクリーナー」は、松本零士氏原作の「宇宙戦艦ヤマト」の放射能除去装置の名から勝手に拝借したものだった。

一方、白装束集団の山梨県大泉村のドーム型施設の名も「ヤマト」。集団代表の女性が乗る車は、同じ松本氏原作「キャプテンハーロック」の宇宙戦艦と同名の「アルカディア号」だった。代表の女性が自身を「末期癌」としていた主張も、「Q熱リケッチアに感染している」としていたオウムの教祖、麻原彰晃（本名・松本智津夫）とダブったのである。

そんな中で公安警察が特に危険視したのが、終末思想の共通性だった。警察には、オウムがテロ集団へ変貌したことに気付くことができなかった苦い経験があった。特に山梨県警は、富士山麓にオウムが教団施設「サティアン」の巣窟をつくることを許してしまった当事者であり、二度と同じ轍を踏むわけにはいかなかったのだ。

公総もかつて広島の事件で捜索した際の資料をもとに情報収集を再開し、東京都調布市深大寺元町の駐車場に「不審な白いワゴン車がある」との一一〇番通報から、ワゴン車の所有者を確認。車は岡山県内の男性名義で登録されていたが、実際は東京都三鷹市に住むパナウェーブ研究所関係者の男性が使用していたことが分かり、五月一四日、公総は山梨、福井両県警の警備部と合同で福井の同研究所本部や山梨のドーム型施設「ヤマト」、東京・道玄坂の事務所などを電磁的公正証書原本不実記録容疑で一斉捜索したのだ。結局はオウムのようなテロ組織への変貌は確認されなかったが、万が一に備え、その後の変容の有無は公安警察の監視対象となったままなのである。

余談だが、この捜査では公総が道玄坂を管轄する渋谷警察署の警備課員を密かに手足として使っていたところ、渋谷警察署長が「俺は聞いていない」とキレたという、裏話もある。公安警察が署長をも無視する秘密主義である一端が、現れたエピソードである。

過激な環境団体

公総は共産党の動向を探る過程で、環境や人権、反戦、反原発などの大衆運動・市民運動や学生運動、労働組合などによる労働運動に入り込んだ共産党員にも監視の目を光らせてきた。また警察内部も含めた官公庁内の共産党シンパや、マスコミ、法曹界、教育界、三菱重工などの軍事産業や電力などのエネルギー産業といった基幹産業の内部に隠れる共産党員もウオッチしてきた経緯がある。

警察内部の共産党シンパを監視する班は「対〇《マル》班」と呼ばれる。昭和一一（1936）年に陸軍の青年将校らが起こした二・二六事件のような事件を、自衛官に起こさせないため、クーデター対策として「マル自」という自衛隊の監視担当も配置されているのである。

だが共産党情報のニーズが減ってきた関係から、大衆運動や官公庁など広い分野で行ってきた情報収集を、共産党に限らず集めるようになっているのだ。

この流れで過激な環境運動を行う非政府組織（NGO）や非営利団体（NPO）なども公総が監視している。だから、環境保護を謳う「グリーンピース」も公総の捜査対象である。

またサミットなどに反対する反グローバリズム運動は、世界的な広がりをみせており、環境保護団体や労働組合、人権団体の参加が多いことから、同様に公総のテリトリーとなっている。グリーンピースは反グローバリズム運動にも加担しているのである。

平成一二（2000）年五月一一日、公総と池袋警察署は東京都渋谷区代々木の「グリーンピース・ジャパン」事務所を家宅捜索した。容疑は建造物侵入である。二日前の九日午後零時二〇分ごろ、東京都豊島区上池袋の「豊島区立健康プラザとしま」で、グリーンピースのメンバーの英国人、マーク・パーカー（仮名）ら四人が地上約六〇メートルの外壁をよじ登り、縦一〇メートル、横八メートルの横断幕を掲げたことから、池袋警察署が同一時半過ぎ、パーカーら四人を建造物侵入の容疑で現行犯逮捕していたのだ。横断幕は「健康プラザとしま」に隣接するごみ焼却施設の廃止を訴えていた。この事件を受け、公総は池袋警察署と合同で捜索に乗り出したのである。

グリーンピースの窃盗

平成一一年三月一八日、東京都江東区の東京ビッグサイトで開かれた「東京おもちゃショー」で、塩化ビニール製玩具の根絶を訴え、「大好きおもちゃ　やめよう！　塩ビ」と書かれた垂れ幕を無許可で掲げたグリーンピースメンバーのオーストラリア人女性らが、威力業務妨害の現行犯で公総と深川警察署に逮捕された。公総は「理念の是非はともかく、目的のためには違法行為も辞さないという考え方は看過できない」という立場なのである。

海外で反捕鯨の機運が高まったこともあり、注目を集めた次の事件も、目的のためには違法行為も辞さないというものだった。公総は青森県警警備部と合同で平成二〇年六月二〇日、窃盗と建造物侵入の容疑で男二人を逮捕している。二人はグリーンピース・ジャパンの海洋生態系問題担当部長、斉藤宏隆（仮名）と、その部下だった。容疑の中身は、斉藤ら二人が同年四月一六日、青森市の「西濃運輸」青森支店に無断で侵入して、調査捕鯨船「日新丸」の乗組員が北海道の自宅に送った鯨肉二三・五キロの入った段ボール箱を、無断で同支店の配送所から持ち出し、盗んだというものである。

持ち出しについてグリーンピースでは「盗んだわけでなく、乗組員の鯨肉横領の証拠品として確保した」と主張。違法性を否定したが、捜査機関でさえ証拠物の押収には裁判所の捜索差押令状が必要だ。こんな言い分が通るはずもない。

グリーンピースは同年五月、盗んだ鯨肉を証拠として乗組員一二人を業務上横領容疑で東京地検に刑事告発したが、地検は嫌疑なしで不起訴処分としている。乗組員が所属する船会社「共同船舶」（東京都中央区）が鯨肉を買い取り、土産として乗組員に配っていたことから、地検は「横領には当たらない」と判断したからである。

グリーンピースでは斉藤らが「調査チーム」と称して窃盗団を編成し、東京・大井埠頭に帰港した日新丸の乗組員が、西濃運輸で荷物を自宅などに発送する手続きをするのを確認。無断で荷物の伝票を盗み見て二三人の乗組員名簿と照合した。

さらに伝票番号を西濃運輸のホームページに打ち込み、一部の荷物が中継地の同社青森支店にあることを確認して侵入し、持ち出したのである。斉藤らは盗んだ段ボール箱を、直後にホテルで開封し鯨肉を取り出す様子を撮影した上で、グリーンピース・ジャパンのホームページ上に掲載していた。

広がる守備範囲

他にもマークされている環境団体がある。

平成一九（２００７）年二月一二日、南極海で日本の調査捕鯨用目視専門船「海幸丸」

が、ゴムボートから海中に投下されたロープでスクリューをからませられたり、発煙筒一八個を投げ込まれたりする事件が起きた。相手は、幾度となく日本の調査捕鯨の妨害を繰り返している米国の環境保護団体「シー・シェパード」である。

シー・シェパードは、グリーンピースから独立したカナダ人、ポール・ワトソンが昭和五二（1977）年に設立した団体である。鯨など海洋哺乳動物の保護活動を標榜し、昭和五四年にはスペインの捕鯨船二隻に所有船で体当たりして沈没させるなど過激な行動で知られる。

グリーンピースやその分派の活動に目を光らせていた公総では、「海幸丸」妨害事件に着目。現場は日本の主権が通常では及ばない公海上だったが、国際間で海賊行為などを禁じた「海洋航行不法行為防止条約」では、損害を受けた船舶の船籍国に捜査権を認めていることから、刑法の「条約による国外犯」規定を適用し、同条約に違反した国外犯として初めてシー・シェパードの立件に乗り出したのである。シー・シェパードメンバーの米国人二人と英国人一人の計三人について、公総は平成二〇（2008）年八月一八日、威力業務妨害容疑で逮捕状を取ったのだ。

乗組員が撮影した妨害行為のビデオ映像を分析する一方、関係国に捜査協力を要請し、提供を受けたパスポートの写真から三人を特定した上でのことだった。公総ではその後、国際刑事警察機構（ＩＣＰＯ、通称「インターポール」）を通じて三人を国際指名手配（国際手配）している。

シー・シェパードについては海上保安庁東京海上保安部も、調査捕鯨船団の監視船「第二昭南丸」に対する艦船侵入容疑で平成二二年、抗議船「アディ・ギル号」の元船長を逮捕している。公総が先んじてシー・シェパードの立件に動いたことで、海保も積極的な捜査姿勢に転じることとなったのである。

こうしたものを含め、公総の担当範囲は近年、恐ろしく広くなっている。平成二二年から翌二三年にかけては、ＮＨＫの次期会長候補にスキャンダルがないかを、なぜか公総が密かに調査にあたっていたという話もあるのだ。

選挙などの政界情報も、共産党関連だけではなくなっている。近年では、公明党の情報や政治家のスキャンダルなど幅広く政界や政治家の情報を集めているのである。対象組織にとらわれず、政界情報を中心に経済、マスコミ、法曹界など広い分野で集められた情報を、公総では「ＩＳ《アイエス》情報」や「幅広情報」と呼んでいる。ＩＳの語源は「Integrated Support」とされており、訳語は「総合的な補助」といったところのようだ。ＩＳ情報は、公総が手がける総合的な業務を総合的に補助するための情報という意味だと思われる。ただし、秘密主義が徹底しているため詳細は不明である。

ただ一つ確かなことは、共産党の活動が下火になったため、組織を維持するために対象範囲を広げざるを得ないという内向きな事情が背景にあるということである。

第2章　公安一課vs過激派

清和寮爆破事件

東京都立川市内の斎場で平成二（1990）年一一月三日の午後六時から、警視庁新宿警察署巡査長、青木紘氏の通夜がしめやかに行われた。当時の金沢昭雄警察庁長官や大堀太千男警視総監ら約三〇〇〇人が参列し、沈痛な面持ちで次々と焼香台に向かった。金沢長官は「貴い命を失い、残念の極みだ」と語り、青木氏の冥福を祈った。四八歳という働き盛りでの殉職だった。

青木氏は殉職により二階級特進となり、警部補になったが、残された家族にとっては、そんなことは何の意味もなかった。読経の中、青木氏の妻は唇をかみしめて必死に涙をこらえ、一八歳の長女と一七歳になる二女は、うつむいたまま時折目頭を押さえていた。

二日前の一日午後一〇時五三分、東京都新宿区北新宿の警視庁独身寮「清和寮」の風

呂場近くの塀付近で爆発が起き、巡回中の青木氏は破片を胸や腹に受けて即死したのである。突然の爆発に地面は激しく揺れたという。

この爆発では、もう一人がけがを負い、さらに五分後、約七メートル離れたごみ置き場付近で二回目の爆発があった。最初の爆発音を聞いて駆け付けた、寮に住む別の巡査長が左目を失明した上、両足骨折の大けがをしたのをはじめ、二度目の爆発で署員や寮職員ら計七人が重軽傷を負ったのである。

この当時、昭和天皇の崩御を受けて即位した天皇陛下（明仁天皇）が皇位を継承したことを内外に示すため、一年近くをかけて「即位の礼」関連行事が行われていた。天皇制打倒を掲げる極左暴力集団（過激派）たちによるテロやゲリラが予想されるなか、首都東京では、即位の礼のメインイベントである「即位礼正殿の儀」を一一月一二日に控えて戦後最大級とも言われる厳戒警備態勢が敷かれていた。その最中で起きてしまった爆弾テロが「清和寮事件」だった。だが事件はこれで終わらなかった。

別の寮でも爆発

清和寮の爆破から約二時間後、一二日午前零時五〇分ごろ、東京都世田谷区下馬の警視庁独身寮「誠和寮」敷地内の金網フェンスに、さらに同一時五七分ごろには、誠和寮西側玄関前の物置付近の塀に、それぞれ爆弾がぶら下がっているのが見つかったのである。警視庁の爆発物処理班が駆けつけ、爆弾の解体処理に当たった。二つとも処理中に爆発してしまったが、処理班は不測の事態にも対応しつつ作業に当たっており、幸いにもけが人は出なかった。

一方、先に九人もの死傷者が出た清和寮付近では、警視庁の警察官たちによって立ち入り禁止のロープが張られ、周囲には「ドスーン」という二度の鈍い爆発音を聞いて駆け付けた住民ら約二〇〇人が集まり、不安そうに立ちすくんでいた。走り回るパトカーや現場から病院に向かう救急車のサイレンがけたたましく鳴り響き、「二次災害の危険があるので、現場に近付かないでください」と機動隊員の叫ぶ声が闇夜に響き渡った。

爆発が起きたごみ置き場付近のコンクリート塀は、上側約半分が吹き飛んで中の鉄筋がむき出しになっており、周囲にはコンクリート片が散乱。寮の窓ガラスも所々が割れ、爆弾の破壊力の凄さを見せつけたのである。多くの捜査員らは同僚を失った重苦しさに耐えながら、現場検証や聞き込みに当たった。

殉職者まで出る事態に、大きな衝撃を受けた警視庁は、反皇室闘争を掲げる過激派による警視庁施設を狙ったテロ事件と断定し、爆弾の特徴から過激派「革労協（革命的労働者協会）」の仕業とみた。そこで捜査に投入されたのが、公安部の公安一課である。

爆弾には魔法瓶が使われていた。また、起爆装置は時限式と、動かすと爆発する触発式を併用しており、時限式起爆装置には服部セイコー（当時）製のデジタル腕時計「アルバ」が使われていた。セイコーのデジタル腕時計を使った爆弾は当時、革労協によるゲリラ事件の特徴だったのである。

実際、革労協は同月七日、清和寮などに「革命的同時爆破攻撃を敢行」したとした上で「天皇即位の儀式を爆砕する闘い」だとする犯行声明を、東京都内の報道機関に「革命軍」の名で郵送してきたのだった。

極左暴力集団の源流

警察当局は極左暴力集団（過激派）を「社会主義、共産主義革命を目指し暴力的な闘争を展開する集団」と定義している。極左暴力集団は昭和三二（１９５７）年、路線をめぐる対立から日本共産党を離党・除名となったメンバーが中心となって結成された「日本トロツキスト連盟」が源流とされ、共産党などを既存左翼と批判する一方、離合集散を重ねながら現在に至っている。

　彼らは米軍に日本を守ってもらうことは、日本が米国の戦争に巻き込まれるということだとして、昭和三五（１９６０）年と同四五（１９７０）年の日米安全保障条約改定に反対したいわゆる六〇年安保闘争や七〇年安保闘争で学生運動に介入し、勢力を拡大した。七〇年安保では、党派に属さない学生を巻き込んで全国に広がった全共闘運動が昭和四三年から同四四年にかけて最盛期を迎え、東京大学を始め全国の八割の大学でストライキなどの学園紛争が起きたのである。

　こうした運動は当初、若者のエネルギーの発露とみなされ、一般国民からも寛容に受け止められ、学生デモに暴力をふるう警察に対する批判の声も出たほどだった。だが、その凶暴性がエスカレートしたことから、国民や一般学生の支持を失い、全共闘運動は一気に失速、過激派の各セクトは孤立化した。地下にもぐり、昭和五三年に開港した成田空港の建設や拡張に反対する成田闘争や反皇室闘争、反戦運動などで爆弾テロや迫撃弾によるゲリラ、放火などの犯行を繰り返すようになったのである。ちなみにゲリラとは、元々は小さな戦争を意味するスペイン語である。

　ただし、極左暴力集団は全体で昭和四四年の約五万三五〇〇人をピークに減少しており、昭和六三年では約三万五〇〇〇人となった。六三年当時は中核派（革命的共産主義者同盟全国委員会）が最大勢力。平成二二（2010）年の全体の人数は約一万三二〇〇人にまで減り、内訳は革労協が（主流派・反主流派の両派合わせて）約五〇〇人、中核派は約三一〇〇人、革マル（日本革命的共産主義者同盟革命的マルクス主義派）が約三二〇〇人とされており、革マルがトップとなっている。

減少の理由は過激派にも高齢化の波が押し寄せたことと、共産主義が時代遅れとなったため大学の新入生に加入を促す行為（オルグ）が低調になったことだ。若年層を獲得できず縮小傾向に歯止めがかからない。そのなかでも活発に活動している過激派（セクト）が「革労協」と「中核派」、「革マル」（公安二課の次章で詳述）なのだ。

これらのセクトは以前、「三大セクト」と呼ばれていたが、革労協が内部で主導権争いや路線対立を繰り返し、平成一一年五月にトップの狭間嘉明（平成二三年に病死）を指導者とする主流派と反主流派に分裂した。現在、両派は「革労協主流派」と「革労協反主流派」として完全に別のセクトとみなされている。分裂後、平成一一年から一六年にかけて一四件もの内ゲバを繰り返しており、両派ともに各五人の死者を出しているからだ。

内ゲバとは「暴力」を意味するドイツ語「ゲバルト」からきた造語で、極左暴力集団というカテゴリーの内部のセクト間で起きるリンチや襲撃、闇討ちなどの暴力事件を意味する。セクト内部での暴力は「内々ゲバ」などと呼ばれる。内ゲバは鉄パイプによる集団暴行という形態が多かったが、革労協の主流派と反主流派の内ゲバでは出刃包丁も使われ、感情むき出しの凶行に、警視庁のあるベテラン公安捜査員も「まさに末期症状だ」と指摘していた。

一方、中核派と革マルも元々は「革命的共産主義者同盟」（革共同）という同じ組織だったが、やはり路線対立から昭和三八（1963）年に分裂したものだ。中核派と革マルは長年、激しい内ゲバを繰り返し、革労協もこれに参戦。昭和五〇年をピークに革マル対中核派、革マル対革労協の二ルートだけで八〇人以上の死者が出た。特に革マルは昭和五〇年三月一四日、中核派トップの本多延嘉を殺害し、昭和五二年二月一一日には革労協トップの笠原正義を殺害しており、昭和の終わりまで血で血を洗う報復合戦が繰り返されたのである。

ただし、血の抗争は極端な共産主義者たちの狭い世界の中での縄張り争いに過ぎなかった。凄惨な殺戮が繰り返された背景には、思想信条の違いではなく、元々仲間だったものが袂を分かっていったことによる近親憎悪的な感情があったのであろう。

機関紙三紙が「解放」

現在、革労協主流派の拠点は東京都杉並区下高井戸の「現代社」で、機関紙は「解放」である。反主流派の拠点は東京都台東区入谷の「赤砦社《せきさい》」で機関紙は同じ「解放」という名だ。革労協は「解放派」とも呼ばれており、双方とも自分たちが本家本元と思っているから、機関紙の名前が同じままなのだろう。ただ現代社は元々の革労協の拠点で古びた小さなビル、赤砦社は賃貸のマンションという違いはある。

中核派の拠点は東京都江戸川区松江の「前進社」で機関紙は「前進」。一方、革マルの拠点は東京都新宿区早稲田鶴巻町にある要塞のような中層ビルの「解放社」で、実は革マルの機関紙も「解放」なのである。

機関紙の名称に違いがない点からも、各セクトの思想信条などの本質には、はたから見れば大差がないことがわかる。ちなみに中層ビルと居住施設を鉄板で囲んだ前進社の異様な外観は、チェーンソー（電動ノコギリ）で入り口の鉄扉をこじ開ける警視庁の家宅捜索のニュース映像でたまに見ることができる。

内々ゲバは、未だになくなってはいないようだ。平成一八（２００６）年三月二八日午後二時ごろ赤砦社から一一九番通報があり、革労協反主流派幹部の岸本修（当時五四歳）が東大医学部付属病院に救急搬送されたが間もなく死亡した。全身に鈍器や素手などで殴られたような跡や皮下出血があり、死因は暴行が重なっての「複合死」だった。肋骨が肺に突き刺さっていたが、これは致命傷ではなく、相当長時間にわたって継続的に暴行を加えられたような痕跡があったという。ただし、反主流派は四月一五日付の「解放」に追悼文を掲載し、死因について「入浴中に突然、心臓麻痺におちいり、死亡が確認された」「肉体的精神的疲労が蓄積し、突然、肉体的変調をきたし『心臓突然死』した」として、「内々ゲバ」説を否定している。

岸本は岡山県の出身で大阪医科大学に進学してから活動家となり、在学中に入籍したが、妻はその後、主流派トップの

鉄板を焼き切って「前進社」の家宅捜索に入る捜査員

狭間嘉明の内妻となって主流派に所属したことから、敵対関係にあった。「隠れ家」である「アジト」に出入りして内ゲバやゲリラを実行する非公然活動家だったが、平成一五年、「表」の拠点である赤砦社に出入りする公然活動家に変わっていた。

黒ヘルと白ヘル

極左暴力集団にはこの四団体のほか、学園紛争の中心的存在だった「共産主義者同盟」（共産同、通称「ブント」）の流れをくむグループや、他のセクトの生き残り、既存のセクトの枠にとらわれない少人数の「ノンセクト・ラジカル」（NR）と総称されるグループがある。ノンセクト・ラジカルのグループは「黒ヘル」とも総称されるが、これは安保闘争の当時、ノンセクト・ラジカルのメンバーが黒いヘルメットを好んでかぶっていたための通称である。

中核派はシンプルな白いヘルメットをかぶっていたので、いまだに中核派を「白ヘル」と呼ぶ公安関係者もいる。また革マルはヘルメットに全学連（ZENGAKUREN、「全日本学生自治会総連合」の略語）の頭文字の「Z」が書かれていたため、「ゼット（z）」とも呼ばれる。

全学連は元々、各大学にある学生自治会の全国組織だった。学費値上げ反対などを掲げ、昭和二三（1948）年に結成された。だが徐々に対立を深めて分裂。その後、各大学の学生自治会を各セクトが握るようになり、やがて中核派や革マルなど各セクトが自分たちの学生組織を独自に全学連と呼ぶようになったのである。革マルのヘルメットのZは「我こそは真の全学連」という意味のようだ。

警視庁公安部では公安一課が革労協と中核派、共産同の流れをくむ組織の捜査を担当する。公安二課は革マルの捜査を仕事の大半としており、黒ヘルや他セクトの生き残りをひっくるめた極左暴力集団「諸派」の捜査と、労使紛争（労働争議）が事件に発展した場合の捜査も担当している。ただし、公安一課にも公安総務課と同様に協力者獲得作業を担う「サクラ」部隊がおり、極左暴力集団内部や周辺の協力者獲得作業を行っている。この部隊は拠点を警視庁本部ではなく、都内の警察施設に置いており、諸派についても公安二課ではなく、ここが担当している。

話を警視庁独身寮の連続爆弾テロに戻そう。世田谷の誠和寮で爆発物処理班の処理中に相次いで爆発した二個の爆弾も、最初の清和寮のものと同様に「時間差」でセットされていた。一度目の爆発で警察官らをおびき寄せ、二度目の爆発に巻き込もうという卑劣な手口で、二つの寮にそれぞれ二個、計四個が仕掛けられていた。

清和寮の巡回は三〇分から一時間に一回のサイクルで行われており、爆発二五分前の午後一〇時半に寮に住む警察官が見回り、異常がなかったことを確認した印を「巡回確認表」に押していた。爆発直前には寮から大久保方面に立ち去る紺色の服装の男が目撃されていたという。

だが、平成一七(2005)年一一月一日午前零時、殺人罪や爆発物取締罰則違反罪の公訴時効(一五年)が成立してしまった。警視庁は延べ約一六万四〇〇〇人の捜査員を投入したものの、有力情報が乏しく捜査は難航。犯行声明が出ていながらも実行犯が特定できなかったのである。

青木氏の妻は、「時効は残念。そっとしておいてほしい」とのコメントを、警視庁を通じて出し、末井誠史公安部長(当時)は「目撃者、物証が少ないなか、懸命に捜査を行ってきたが、検挙に至らなかったことは残念」と敗北を宣言した。

殺人や強盗致死、現住建造物等放火や爆発物取締罰則違反で死者が出た場合など「人を死亡させて、死刑に当たる罪」の時効が廃止されたのは、平成二二年四月になってからのことである。

住宅街の密造工場

解決の糸口がなかったわけではない。実は公安一課は、連続爆弾テロの九か月前に、ある男を逮捕していた。平成二年一月二九日、公安一課はJR東北本線東大宮駅の南東に約二キロの位置で、東北自動車道岩槻インターにも程近い住宅街の真ん中にある二階建てアパート一階の一室を急襲し、革労協最高幹部の北側孝夫（仮名）を逮捕したのである。

容疑は埼玉の製本会社にアルバイトで勤務する際、偽名を使った履歴書を提出したという有印私文書偽造など。だが公安一課の本当の狙いは違った。アパートからは、爆弾の完成品八個や未完成品約一五個と爆弾の材料が多数見つかったのである。ここは革労協の軍事アジト、つまり爆弾密造工場だったのである。

北側は昭和四八（1973）年、神奈川大学法学部を除籍となったが、同四七年七月から四九年七月までは革労協の全学連委員長を務めた男である。四八年九月に神奈川大学で革マルのメンバー二人が鉄パイプで殴られ殺害された内ゲバ事件の後、所在が分からなくなっていた。

アパートは、2Kの間取りで、家賃は月四万八〇〇〇円。北側はここにひっそりと身を隠し、爆弾を製造していた。完成品の一部はすでに持ち出された形跡があり、公安一課では九か月後の連続爆弾テロで使用されたとにらんだのである。

公安一課は北側が、具体的な警視庁独身寮爆破計画に沿って爆弾を製造した可能性があり、逮捕前に既に詳しい計画内容を聞かされていた疑いがあると分析。だが北側は何も語る事なく、真相が分からぬまま、平成一七（2005）年一〇月、刑期を終えて出所し、主流派に合流したのである。

出所前には警視庁公安部の警察官やOB計九人の実名を挙げて「報復」を関係者に誓っていたという。ただし、報復が実行されたという話は聞かない。

明大教授を襲撃

過激派は近年も度々、大学を舞台に事件を起こしている。東京都品川区上大崎の路上で平成一二（2000）年一一月二日午前九時一〇分ごろ、「男性がけんかしている」と一一〇番通報があった。大崎警察署員らが調べたところ、明治大学の学生部長で経営学部の長尾史郎教授（当時五九歳）が、四、五人組の男にバールのようなもので両足を殴られ、骨が折れる重傷を負っていた。

公安一課は早々に革労協側の犯行と断定した。明大は、同月一日から開催予定だった学園祭の実権を、革労協側が掌握していることを理由に「学生諸君の自主的な祭典ではない」として中止していたからだ。学園祭と明大の消費生活協同組合（生協）は長らく革労協側の資金源だったのである。

主流派と反主流派の相次ぐ内ゲバやこうした蛮行を受け、革労協側の拠点となっていた明治大学もようやく重い腰をあげた。平成一三年一月七日、革労協側が主導する学生会（学生自治会）の部屋があった駿河台（東京都千代田区）と和泉（同杉並区）、生田（川崎市）の各校舎にある学生会館を封鎖したのだ。

「校内で事件が起こる恐れがある」と判断したというのが、その理由である。駿河台校舎では、入り口をふさぐ工事で会館全体を封鎖し、他の二校舎では、学生会の部屋に限って立ち入りができないようにした。大学側はさらに、生協から革労協側の活動家を締め出そうと試み、資金源である生協への学生の勧誘を牽制する。

そうして加入率が落ち込んだ生協は平成一六年、多額の負債を抱えて解散に追い込まれたのだ。生協職員の革労協系活動家たちには多額の退職金が支払われたとされ、一説には総額が約一億八〇〇〇万円にのぼったとも言われる。この資金は結局、全て反主流派に流れたとみられているが、いずれにしても明大は資金源を断ち切り、ついに革労協両派の排除に成功したのである。だが、まだセクト排除の途上にある大学はある。

その一つは法政大学だ。

「闘争に勝利するぞ」。平成二一（2009）年六月一五日、東京都千代田区の法政大学市ヶ谷校舎前で約六〇〇人のデモ隊が叫び声をあげた。だが多くは「学生」を名乗る中核派の中高年であった。

遡ること五年前、法大では学生会館の取り壊しが始まり、ここを拠点としていた中核派の全学連は行き場を失って新施設のサークル室使用をめぐり、大学側と対立を深めていた。警視庁によると、中核派は、革マルと分裂した昭和三八（1963）年当時から法政大学に拠点を置いており、同四三年に「中核派系全学連」を誕生させたとされる。大学側が代理徴収した自治会費が活動の資金源だった。だが法大は自治会費の代理徴収をやめるなど、中核派排除に大きく舵を切ったのである。

平成一八（2006）年三月、法大が立て看板の設置を許可制にしてビラまきを規制すると、大学側と「学生」たちの衝突は激化した。看板撤去を妨害しようとしたとして総勢三九人が威力業務妨害容疑などで公安一課に逮捕されたが、彼らは中核派の学生やシンパだったのである。

東京サミットと迫撃弾

東京都心の住宅街に「ドーン、ドーン」という爆発音が響いた。昭和六一（1986）年五月四日午後四時二〇分ごろ、東京都新宿区矢来町の中層マンション四階の四〇一号室から、迫撃弾が発射されたのである。標的は南に約二・五キロの迎賓館だった。

迎賓館ではまさに東京サミットが本番を迎え、各国首脳のうち最後に東京に着いたばかりだったフランスのミッテラン大統領（当時）が、中曽根康弘首相（同）の案内で、栄誉礼を受けた直後だった。マンションから発射された迫撃弾五発は、迎賓館の上空を飛び越し、さらに約一キロ南のカナダ大使館近くなどに落ちたが、もしも迎賓館に落ちていたら、政府・警備当局のあまりの無力さに、日本の恥を世界にさらすことになっていたであろう。

最初の音を聞いて家から飛び出した近隣住民らは、マンションの窓から発射砲である

爆音直後、マンション４階の窓で煙を上げる迫撃砲

直径約一〇センチの金属筒五本が顔を出しているのを目撃した。白煙が周辺に漂う中、間もなく「ドーン」と二発目の発射音が轟く。三、四、五発目と続き、煙は発射音の度に周囲に広がった。住宅の庭や歩道には発射の残渣《ざんさ》物が散乱したのだった。

このマンションは鉄筋コンクリート造りの六階建て。三階と四階は賃貸マンションになっていて、二階以下はダンスホールなどのテナントが入り、五階と六階は所有者の住居だった。二か月前の三月一〇日ごろ、新宿区内の不動産業者を四〇歳前後の男が訪れ、「入室したい」と請うたという。

男は埼玉県新座市に住む空気清浄器製造会社社員の「松本」を名乗り、同一五日に四月一日からの賃貸契約をかわした。この際、家賃一五万円と敷金など総額九〇万円を支払っている。業者がマンションへ案内した際、外から見ただけで「ここはいい」と満足げに話していたとされる。「松本」は新座市に実在したが、男とは全くの別人。保証人は東京都江東区内の男性になっていたが、この住所に該当する人物はいなかった。

男は三〇歳前後の小柄な女と一緒に入居したが、２ＤＫの室内には空の冷蔵庫のほか、洗濯機や古いテレビ、マットレスと食器類が乱雑に残されているだけで、布団もなく、人が生活していた形跡はなかった。だが対照的に、南側の四・五畳の和室では畳三枚がはがされ、厚さが一〇センチ以上もあるコンクリートで、長さ約一・五メートルの発射筒五本が固定されていた。窓は発射時刻にあわせて自動的に開くよう細工されていたのである。時限装置は段階式で、作動すると、まずモーターが回って窓の取手につながれたワイヤーを巻いて、窓が左から右にスライドして開き、その後、迫撃弾が順次発射される仕組みになっていたのだ。

迫撃弾が落ちた近くにはカナダ大使館があり、青山通りを挟んで北側には皇太子一家など多くの皇族が居住する赤坂御用地がある。周囲は高級マンションが立ち並ぶ地域でもある。サミットの厳戒警備で警察官が各マンションの前に一軒ずつ立って二四時間の警戒態勢を敷いていた時だけに、着弾後はパトカーのサイレンが響き渡り、警察官が飛び回るなど騒然となった。

迫撃弾は「シュルシュルシュルシュル」と音をさせながら飛来したという。着弾の瞬間、「バーン」という大きな音がして白煙が立ちのぼった。道路には直径約二〇センチ、深さ約五センチの穴があき、周囲には道路のコンクリート片が散ったのである。

ゲリラ事件の情報は、東京・紀尾井町のホテルニューオータニのプレスセンターに詰めていた各国の記者団にもすぐに入った。各国首脳に同行して来日中だった通信社の特派員らを通じ、ニュースは午後五時前、即座に世界に打電されたのである。

AP、ロイター、AFPなど各通信社のファックスが一斉に「至急電」として伝えた。「サミット爆発」などの見出しで、事件が各国首脳の集まる迎賓館のすぐ近くで起きたことを強調したのである。

威信をかけた捜査態勢

事件翌日、過激派の中核派は都内などで犯行を認めるビラをまき、公安一課は中核派の犯行と断定した。現場検証時には当時の山田英雄警察庁長官も督励に駆けつけた上、サミット後の五月七日、全国の警察本部に対してテロ、ゲリラ対策を強化するよう通達を出したことから、公安一課は従来の捜査員三〇〇人体制から六〇〇人に、一時的に人員を倍増させることとなったのである。

一つの課の人員としては警視庁史上最大規模であり、この事件で中核派は公安警察最大の「敵」となったのである。警察の威信をかけた捜査に当たった公安一課は翌昭和六二年一〇月、中核派の非公然組織「革命軍」の活動家三人を爆発物取締罰則違反容疑で逮捕するとともに、もう一人を指名手配し、平成五（１９９３）年に手配中だった一人を逮捕した。

だが、公判は紛糾する。特に最初に逮捕された三人については、昭和六三（１９８８）年九月に東京地裁で初公判が開かれたものの、直接証拠がなく、審理が前例の無いほど長期化したのである。一審の東京地裁判決は平成一六（２００４）年三月、三人を無罪とし、検察側が控訴。平成一八年五月に東京高裁で下された控訴審判決は「被告らが砲弾の信管の開発・製造などに携わり、実行犯と共謀したことがかなり強く推認される」として、一審判決を破棄し、審理をやり直すため、東京地裁に差し戻したのである。

しかし、三人はこれを不服として上告。最高裁第一小法廷は平成一九年一〇月、二審の東京高裁判決を支持し、上告を棄却する決定をした。二審の差し戻しの判断が支持されたことで、初公判から実に一九年が経過したにもかかわらず、再び一審で審理されるという異例の展開となったのである。東京地裁は平成二二年六月、三人に懲役八年の有罪判決を言い渡したが、三人は控訴している。

あまりに困難な捜査だったことで、事件当時の公安部幹部と担当検事だった甲斐中辰夫元最高裁判事らが集う親睦会「五・四会」というのが創られたという。名前の由来はもちろん、発生日の五月四日である。

逃亡二九年の活動家

平成一五（2003）年九月一〇日、白髪頭で額に深い皺を刻んだ男は、四半世紀を超えて二九年ぶりに、東京地裁の法廷に立っていた。男は元中核派活動家の上田良夫（仮名）。年齢は五三歳、問われた罪は三〇年以上前の学生時代のものである。本来なら時効のはずなのに、なぜ彼は裁かれることとなったのか。

実は、上田は公判中の昭和四九（1974）年三月に保釈中の身で逃亡し、保釈が取り消されていた。公判は二七回で中断し、それから二九年間も逃亡生活を続けていたのだ。

起訴されていた事件は二つ。昭和四五年に七〇年安保改定反対のデモに参加し、新宿駅で列車を妨害して威力業務妨害罪に問われた事件と、翌四六年に沖縄返還協定に抗議する過激派が日比谷公園のレストラン「松本楼」を焼き打ちした夜、同じ公園内で機動隊を襲って凶器準備集合罪に問われた事件である。

逃亡中の間一時期、横浜国立大学で起きた革マルとの内ゲバ殺人事件で指名手配もされていた（この件は、後に時効）。だが内ゲバに嫌気が差し、中核派を脱退。警察だけでなく、中核派、革マルの両セクトからも追われ、「伊藤」などの偽名を使いながら首都圏の安アパートを転々としていたのである。

留守中に部屋に誰か入ればわかるように、外出時にはドアに髪の毛を挟み、髪の毛が落ちていた日には安宿に逃げ込んでいたという。だが平成一五（２００３）年二月、神奈川県横須賀市汐入に住民登録を行い、同年七月八日、公安一課に自宅で身柄を確保されて収監されたのである。

住民登録すれば、いずれは行方を知られる可能性が高いことは百も承知のことだった。つまり覚悟の上だったのである。「捕まるのを待っていた。これからは上田として生きたいと思いました」。東京地裁での被告人質問で、上田は住民登録した理由を、静かにこう答えた。不当逮捕を訴えていた逃亡前の過激派活動家の面影は、そこにはなかった。

同年一一月二一日、東京地裁は懲役一年六月、執行猶予四年（求刑・懲役一年六月）を言い渡した。中谷雄二郎裁判長は「刑事責任は重いが、行き過ぎだったことを認めるなど反省している」と述べ、判決言い渡し後、「あなたにも色々な感慨があると思う。過去を清算し、これからは堂々と健全な社会生活を送ることを期待します」と説諭したのである。なんとも時代の流れを感じさせる裁判である。

成田でのゲリラ

成田空港に反対するゲリラ事件も、極左暴力集団は数多く起こしてきた。

千葉県成田市南三里塚の成田空港南西約一キロの雑木林で平成二〇（2008）年三月三日午後三時一〇分ごろ、迫撃弾の発射装置二基が設置されているのを、警戒中の警察官が発見した。装置はいずれも金属製で、筒の長さは約六〇センチ、直径は約五センチ。二基は成田空港に向けて設置され、土嚢で固定されていた。近くの住民が一日早朝に発射音のようなものを聞いており、空港施設内の路上では、発射されたとみられる鉄製の弾が見つかった。

翌二一年一〇月二九日午後七時過ぎには、東京都福生市の米軍横田基地近くで、警戒中の警察官が発射装置二基を発見。まだ装置は作動前だったが、公安一課は米国のオバマ大統領の来日を前にしたゲリラ未遂事件と断定している。前者は革労協主流派、後者は反主流派の犯行である。

成田市の事件はもちろん、警視庁ではなく千葉県警の所管だが、同県警警備部によると、成田空港に反対するゲリラ事件は平成一五年八月二六日、千葉県八街市の無職男性宅が中核派に時限式発火装置で放火された事件以来。ちなみにこの男性は千葉県庁の幹部と同姓同名なだけで、成田空港とは無関係だったから完全な誤爆である。

中核派はこれ以降、ゲリラ事件を起こしていない。近年、細々とゲリラ事件を起こしているのは、革労協の両派ぐらいなのである。平成一七年は爆弾などの時限式発火装置や時限式迫撃弾発射装置を使った過激派のテロ・ゲリラ事件が全国で一件も発生せず、統計を取り始めた昭和五〇（1975）年以降、初めて発生ゼロの年となった。

テロやゲリラについて、警察庁は攻撃対象が人間の場合にテロ、施設などの場合にはゲリラと区別している。成田空港の開港を四日後に控えていた昭和五三年三月二六日には、過激派による管制塔襲撃事件が発生するなど、この年は一二八件のテロ・ゲリラ事件が発生。第一次のピークを迎えた。昭和六一年には、昭和天皇の在位六〇年記念式典や東京サミットなどをめぐり、八九件のテロ・ゲリラ事件が発生して第二次ピークを迎えたのである。さらに平成に入ってからは、即位の礼があった平成二（1990）年に一四三件を数え、統計を取り始めて以降の最多件数を記録したのだ。

だが過激派はその後、労働運動や大衆運動を通じた活動に重点を移し、テロ・ゲリラの発生件数は平成六年以降、毎年一ケタ台で推移。ついにゼロを記録したのである。現状では、革労協の両派がゲリラ闘争から撤退すれば、過激派のゲリラ事件はなくなる可能性があるのだ。

武装闘争から地方議会へ

中核派は平成二年には一二四件のテロ・ゲリラを実行し武装闘争路線を全面に押し出していたが、警察との全面対決で組織が疲弊したことから、平成三年五月に路線を変更。「将来の武装闘争に備えてテロ・ゲリラ戦術を堅持しつつも、当面は武装闘争を控え、大衆闘争を基軸に党建設を重視する」との方針を決めた「五月テーゼ」に基づき、市民運動や労働組合への浸透を図るようになった。中核派のゲリラ活動が先細りになった背景には、こうした路線変更があったのである。

一方で中核派は「社民党、日本共産党に代わる労働者党」を掲げて地方議会に進出を図り、東京都杉並区や千葉県勝浦市、神奈川県相模原市、大阪府泉佐野市などで議席を獲得した実績があるほか、東京都議会議員も出したことがあるのだ。都議当選の際には、警視庁公安部に激震が走ったと言われている。

警視庁は東京都の自治体警察であり、警視庁職員は都の職員である。また神奈川県警の職員は県の職員というように、自治体警察の警察官は地方公務員なのだ。警察には国の予算と都道府県の予算が投入されるが、国の予算は警察庁が要求して国会で決まる。だから「警察庁は自治体警察の予算の一部を握っている」という言われ方をするのである。一方で、都の予算は都議会が決めるのだ。都議会も警視庁の予算の一部を握っているわけである。公安部を中心に警視庁に激震が走ったのは、こうした理由からなのだ。

ただいずれにしても、これまでテロ・ゲリラ事件を何度も起こしてきた「非合法・非公然」な革命軍という地下組織を温存する一方で、民主主義の根幹である議会で勢力を伸ばそうという虫のいい主張こそが、公安警察が中核派を今でも危険視する最大の理由だといえるだろう。

よど号グループとの闘い

過激派の無謀な活動を長らく牽引していた共産同と公安一課との闘いも、まだ続いている。

昭和五八（1983）年七月、元神戸市外国語大学の学生、有本恵子さん（当時二三歳）が留学中の欧州から北朝鮮に拉致された事件で、警視庁公安部は平成一四（2002）年九月二五日、結婚目的誘拐容疑でよど号グループのメンバー、魚本公博（旧姓・安部）の逮捕状を取った。

よど号グループとは「世界共産主義革命のため、労働者国家（共産主義国家）を拠点にして武装蜂起を図る」として昭和四五（1970）年に羽田空港発板付空港（現福岡空港）行きの日航機「よど号」をハイジャックし北朝鮮に亡命した過激派メンバー九人のことを指す。

有本さん拉致事件で魚本の逮捕状を取り、国際刑事警察機構を通じて国際手配したのは、公安一課である。後述するが、北朝鮮の拉致事件は基本的にアジア地域の国から日本に送り込まれた工作員（スパイ）の捜査を担う公安部外事二課が手がける。ではなぜ、公安一課がこの拉致事件を捜査しているのか。それは、よど号グループが中核派、革労協と並ぶ公安一課の捜査対象である共産同系の活動家たちだからなのである。

七〇年安保闘争で最も過激な行動を唱えたのが、昭和四四年に結成された共産同の最左翼「赤軍派」だった。だが赤軍派は警察に多数のメンバーが検挙されて追いつめられたことから、翌四五年、このうち九人がよど号をハイジャックして北朝鮮に渡ったのである。

あさま山荘を取り囲む警官隊

翌年、中東に渡った別のメンバーも「日本赤軍」（ＪＲＡ）を結成し、パレスチナのテロ組織と連携して数々の国際テロ事件を起こしている。また国内にわずかに残された赤軍派と、永田洋子（平成二三〈２０１１〉年二月に拘置所で病死）が率いた「京浜安保共闘」

が昭和四六（1971）年に合流して「連合赤軍」を結成したのである。

「モンケン」と呼ばれるクレーンにつけた鉄球で警察が山中の保養施設を破壊する映像で有名な「あさま山荘事件」（昭和四七年）を起こしたのが連合赤軍だ。あさま山荘事件で主要幹部が逮捕され、連合赤軍は壊滅状態に追い込まれた。「赤軍」というネーミングは、共産主義のシンボル旗の色からきているのは言うまでもない。こうして共産同の活動が衰退していくなかで、先述した「三大セクト」が台頭してきたのである。

金日成の命令

話を戻そう。有本さん拉致事件の全貌はこうだ。原点は事件の六年前に遡る。昭和五二（1977）年五月一四日、ピョンヤン郊外の「日本革命村」を訪れた北朝鮮の金日成主席（平成六〈1994〉年に病死）が「代を継いで日本革命を行え」と、赤軍派幹部でよど号グループのリーダーだった田宮高麿（平成七年に北朝鮮で不審死）に指示した。将来、日本に党を創建して革命を起こすため、日本人を獲得して仲間を増やし、さらに多くの子孫を残せという意味だ。

よど号グループは以後、日本から来た女性と相次いで結婚して子供をもうけた。またよど号メンバーの妻らは北海道出身で元日本大学の学生、石岡亨さんら複数の日本人男性を欧州で拉致したのだ。

そして田宮は次の手を打つ。昭和五八年一月、「日本革命村」で、自らの意志により北朝鮮入りしていた元スナック店主、八尾恵らに日本人女性を拉致するよう指示をしたのである。

すでに拉致した日本人男性らと結婚させようと考えた田宮は「ロンドンに行って未婚の若い女性を獲得し、北朝鮮に連れてこい。二五歳くらいまでの年齢で、何人でもええから」「男性ばかり獲得してるやろ、女性も獲得せんとあかんやろ」などと檄を飛ばしたという。八尾は同年五月、単身でロンドンに渡り、ターゲットを見つけるため語学学校に入学した。

留学中だった有本さんに、八尾は「こんにちは。どのくらいここにいらっしゃるんですか。私、来たばかりでよくわからないの」と声を掛けたのだ。八尾は偽名で接近し、自分のアパートでカレーライスなどの手料理をふるまって信頼を得る。

有本さんは語学を生かして海外で仕事をすることを夢見ており、八尾はそこに付け込んで「世界中いろいろなところに行ける市場調査のアルバイトがある」と、架空のバイト話を持ち掛けたのである。有本さんは失踪直前、家族や友人に「市場調査の仕事が見つかった」と手紙を出していた。

八尾は田宮の了承を得た上で六月下旬、北朝鮮の大使館があるデンマークのコペンハーゲンに有本さんを誘い出し、七月一五日、中華料理店に有本さんを連れて行って、貿易商を装った魚本ら二人に引き合わせたのだ。魚本は「北朝鮮で仕事をしてみないか」と言葉巧みに誘い、翌日、有本さんをモスクワ経由で北朝鮮に送り出したのである。

コードネーム「KYC」

有本さんが北朝鮮にいることが分かったのは、昭和六三年九月になってからのことだった。昭和五五年に滞在先のスペインで拉致された石岡亨さんから、北海道の自宅に同月六日、手紙が届いたからである。石岡さんがピョンヤンで第三者に託した手紙で、文面には「有本恵子君らも一緒にいる」などと綴られていた。手紙には有本さんの写真や二人の間に出来た子供とみられる幼児の写真も同封されていた。

それから七年後の平成七（1995）年夏、神戸市長田区の有本さんの実家に、捜査員が一枚の写真を持って訪れた。撮影場所はコペンハーゲンのカストロップ空港である。

搭乗ロビーのベンチに座る有本さんの横には、一人の男が座っていた。男の「表の顔」は北朝鮮の外交官。だがその正体は西側諸国の情報機関から「ＫＹＣ」のコードネームで監視されていた北朝鮮の大物工作員、キム・ユーチョルであった。

キムは英語と日本語を流暢に話し、一九七〇年代後半から在コペンハーゲン大使館を振り出しに外交官の肩書きで活発な活動を始めた。昭和五五（１９８０）年以降は、旧ユーゴスラビアの在ベオグラード領事館と在ザグレブ領事館に勤務しており、八〇年代からは西側情報機関が常に監視下に置いていたのである。

この監視網に有本さんとの接点がキャッチされたのは、昭和五八年七月のこと。カストロップ空港で西側機関が撮影した一枚の写真こそが、捜査員が有本さんの実家に持参したものだったのである。

魚本とともに中華料理店で有本さんと面会し、有本さんを北朝鮮に連れ帰ったのがキム、その人だったのだ。写真はまさに、八尾からキムに引き継がれた有本さんが、モスクワ経由で北朝鮮へ旅立つ直前だったというわけだ。

北朝鮮は平成一四（２００２）年九月一七日、日朝首脳会談で有本さんの拉致を認めたが、既に死亡したと説明しており、現在も魚本の身柄引き渡しには応じていない。

よど号事件とダッカ事件

よど号事件は平成二二年三月で、丸四〇年が経過した。北朝鮮に暮らすメンバーは家族と合わせ一時期三〇人を超えたが、妻や子供ら家族全員が平成二一年末までに帰国したため、残るのはよど号事件の国外移送目的略取容疑でも国際手配されている魚本ら六人だけとなった。

ちなみにハイジャック防止法は、国内初のハイジャック事件だった、この事件を契機に制定されたものであることから、彼らが国際手配されている容疑は同法違反に問うことはできない。ただ、いずれにしても、よど号事件は国際手配中の六人の帰国がなければ決着しない。海外にいる以上時効が停止しているからだ。公安一課と赤軍派の攻防も、膠着状態のままなのである。

過激派によるハイジャック事件は、よど号事件の七年後にも起きている。

昭和五二（1977）年九月二八日午前一〇時四五分（日本時間）ごろ、インドのボンベイ空港（現ムンバイ空港）を離陸した直後のパリ発東京行き日航四七二便DC8−62型が、「ジャパニーズ・レッド・アーミー（JRA）」を名乗るグループにハイジャックされたのだ。同機はバングラデシュのダッカに着陸するよう命じられる。これが「ダッカ日航機ハイジャック事件」や単に「ダッカ事件」などと呼ばれる日本赤軍によるテロ事件である。犯人グループには元連合赤軍のメンバー、坂東國男が含まれていた。

犯人側の要求は、人質の身代金と過激派メンバーら九人の釈放だった。「人命は地球より重い」としてテロに屈した当時の福田赳夫首相が釈放を決め、同二九日夜から三〇日朝にかけて各拘置所や刑務所で最終的な本人の意思確認が行われた。その結果、三人が出国を拒否したものの、日本赤軍と赤軍派のメンバーら計六人が出国を希望した。

こうして事件の三日後、一〇月一日午前六時四分、日航の特別護送機が羽田空港からダッカ空港へと飛び立つ。機内には機長ら乗員のほか、当時のレートで約一六億円に相当する身代金六〇〇万ドルと、拘置・服役中だった六人が乗っていた。日本政府の「超法規的措置」によって、まんまと過激派の海外逃亡が実現したのである。

坂東國男はあさま山荘事件に関与して逮捕された連合赤軍メンバー五人の一人だった。だが、公判中の昭和五〇年八月四日、武装した日本赤軍のメンバー五人が、マレーシアの首都クアラルンプールの米国大使館などを占拠し、館内にいた米国総領事ら五二人を人質に取る「クアラルンプール事件」が発生。坂東も日本政府の超法規的措置で釈放されてリビアに出国し、日本赤軍に合流していた。その坂東が同志のために、ダッカ事件で二匹目のどじょうを狙ったというわけである。

ダッカ事件以降、坂東は中東を拠点にしていたが、平成七（1995）年にはルーマニアのブカレスト入りし、平成九年から同一一年にかけては、活動資金を稼ぐために中国・天津で衣料関係の仕事に従事しており、上海や北京にも頻繁に出没していたとされる。平成一一年にはモスクワ入りしていたことも確認されており、ネパールにも入国した形跡があったが、現在の足取りは不明である。

日本赤軍は終わったのか

本章で触れてきた、過激派の事件の多くは前世紀に起きたものである。いまだ活動しているとはいえ、メンバーの高齢化に象徴される衰退は否定しがたいものがある。そもそも、多くの国民にとっては、いくつにも分裂した団体の区別はつかないし、関心もないというのが実際のところだろう。

「日本赤軍は使命を終えた」。最高幹部の重信房子は平成一三（2001）年四月一三日、東京地裁で行われた自身の初公判で、組織の解散と合法路線への転換を改めて表明したのである。重信は平成一二年、偽造された旅券（パスポート）で極秘帰国し、大阪府高槻市に潜伏していたところを発見され、旅券法違反容疑で大阪府警警備部と警視庁公安部公安一課に逮捕されたのだった。

世界同時革命を目指した重信は、昭和四六（1971）年二月にレバノンへ渡った。日本赤軍を率い、数々のテロに関与してきたのである。だが一九九〇年代に入り冷戦が終結すると、共産主義思想が時代遅れとなった上、パレスチナ情勢も変化したことで日本赤軍は中東での居場所を無くした。坂東ら国際手配中の日本赤軍メンバーはまだ七人が残るが、レバノン政府に政治亡命を認められた岡本公三以外の六人は、既に中東に足場がないのである。だから坂東は中国や旧東側諸国などに活動の場を移していたのだ。

海外に残された七人が重信の「組織解散宣言」をどうとらえているかは不明だ。だが帰国しない以上、公安一課は現在も各国の当局と情報交換をしながら七人の行方を捜しているのである。ただし、よど号メンバーも日本赤軍メンバーも他のセクトと同様に、確実に高齢化が進んでいるのだ。

しかし、過激派が死滅してしまったというわけではない。共産主義者同盟（共産同）の流れを汲む過激派は、国内にも現存はする。平成二二（2010）年一月一八日、大阪府警警備部は共産主義者同盟蜂起派の活動家、岩田義成（仮名）を詐欺容疑で逮捕している。岩田は平成二一年一月、大阪市内の人材派遣会社を退職し、二か月後に同じ会社で再雇用されたにもかかわらず、市内のハローワークで失業給付金を申請し、同年四月から九月までの間、計六回で総額約六八万円を騙し取っていたのだった。もし岩田が東京で事件を起こしていれば、公安一課が捜査を担当することになったのである。

ただし、ここまで紹介してきた過激派の事件と比較すると、「小さい」ものであることがお分かりだろう。蜂起派を含め、国内に残る共産同の残党も風前の灯火であることは間違いない。公安一課の「飯の種」は、確実に先細りを続けているのである。このため公安一課の人員削減も行われている。国内の過激派の退潮傾向とあわせ、公安一課は二〇年後、果たして何の捜査に当たっているのだろうか。

第3章　公安二課vs革マル

押収された警察無線傍受機

公安二課は、前章で扱った大きなセクトと比べると、組織も活動規模も小さい過激派の「諸派」の監視や、労使紛争から発展する事件の捜査も担っている。だが、同課の最大の任務は過激派の革マル（日本革命的共産主義者同盟革命的マルクス主義派）を対象とした監視、捜査である。まずは、彼らの闘いの一端を見てみよう。

函館山と並ぶ北海道三大夜景の一つである藻岩山（標高五三一メートル）は、札幌市南区にあり、アイヌ語で「眺望できる小さな丘」を意味する「インカルシペ」の別名でも地元の人々に親しまれている。

そんな観光名所の藻岩山に程近い同市中央区の閑静な住宅街のマンションを、密かに取り囲む男たちがいた。クリスマスも過ぎた「年の瀬」の平成一四（2002）年一二月二六日の午前八時——警視庁公安部公安二課と北海道警警備部はマンション三階の一室に踏み込んだ。

階下からベランダにはしごをかけ、次々と室内になだれ込む十数人の捜査員。捜索容疑は窃盗と建造物侵入である。マンションは、札幌市西区の不動産会社が管理する賃貸マンションだった。この部屋の賃借名義人は広島県の北広島市立小学校の教諭であり、保証人は札幌市立小学校の教諭だった。制服警察官がマンション内への出入りを制限し、機動隊のバスが待機する物々しい雰囲気の中、近隣住民は遠巻きにしながら、不安そうに様子を窺っていたという。

室内にいたのは、窃盗容疑で公安二課が全国に指名手配していた白田孝男（仮名）。革マルの非公然部門トップである。この部屋は白田が潜伏中に使用していた「札幌アジト」だったが、急襲によって白田はあっけなく逮捕されたのである。公安警察がずっとその行方を捜していた白田の逮捕は、警視庁と北海道警にとってまさに「大金星」であった。マンションは夏ごろから賃貸契約が結ばれており、白田は少なくとも夏以降は北海道内に潜伏していたとみられる。この札幌アジトは、白田が非公然活動家たちから報

札幌アジトから押収された警察無線傍受用の解読装置など

告を受け、指示を出していた拠点中の拠点だったのである。

　踏み込んだ捜査員らはその後、驚愕の事実を知る。捜索で、公安二課などはフロッピーディスクやビデオテープなど段ボール約一〇〇箱分、合わせて約五〇〇〇点もの資料を押収した。押収物がかさばったのは、当時はまだＵＳＢメモリーやＳＤカードなどがなく、ＤＶＤもあまり普及していなかったため、動画もビデオテープで残されていたからだが、この押収物の中に、暗号化された警察無線のデジタル信号を解読する機能を持つＲＯＭ（読み出し専用メモリー）七四枚が含まれていたのである。

　革マルが警察無線を日常的に傍受し続けている事実が明るみに出たのだ。押収物にはＲＯＭ

のほか、デジタル無線機七台、暗号解読機二台、電波を測定するオシロスコープ二台など警察無線を傍受するための装置一式があった。

機材やROMは別々に段ボールに保管されていて、札幌アジトで使用されている形跡はなかったが、組み立てればすぐに使用できる状態であり、無線装置一式を首都圏の別のアジトに持ち込んでは、警視庁など首都圏の警察無線を傍受していたとみられる。警察無線は無線機でキャッチしても、暗号化されているため、雑音しか聞こえず、解読は困難とされている。ただし、暗号を解読するプログラムが入ったROMを使えば音声化が可能で、革マルが自作のROMにより、様々な暗号パターンに対応できる高度な技術と専門知識を有していることが裏付けられたのだ。

革マルの秘密工作

もっとも、革マルが、暗号化された警察無線を傍受できることはすでに判明していた。きっかけは、平成一〇年一月七日、東京都練馬区豊玉北の「豊玉ビル」にある革マルのアジトを公安二課が捜索したことに遡る。広島県警の偽造警察手帳、警察官の名前や住所などの資料、公安調査庁の調査官の偽造身分証、フロッピーディスク五〇〇枚、録音されたカセットテープ五〇〇〇本、ビデオテープ三〇〇本、印鑑四〇〇本、一万四〇〇〇本もの鍵、勝手に合い鍵を作るための工具類等々。捜索では革マルの秘密工作の「成果」が続々と発見されたのである。

容疑は平成三年四月に起きた内ゲバ事件の傷害だったが、この容疑だけで押収するには無理のある多種多様さだった。このため、公安二課は二日後の九日、警察手帳を偽造

練馬区のアジトから押収された夥しい数の印鑑や鍵。「広島県警」偽造警察手帳もあった

した公印偽造の容疑で「豊玉アジト」を再び家宅捜索し、印鑑や鍵などを押収したのである。最終的な押収量は実に段ボール約一四〇箱に上った。

なぜ広島県警の警察手帳だったのかは不明だが、札幌のマンションの賃借名義人が北広島市立小学校の教諭だったことと、無関係ではないのかもしれない。

カセットテープに録音されていたのは盗聴した会話で、ビデオ映像にはどこかの事務所の室内を隠し撮りしたものが多数含まれていた。革マルの非公然活動家は複製した合い鍵で、警察や中核派など敵対する組織の人間の自宅や事務所に忍び込んで室内の撮影や盗聴を繰り返していたのである。偽造した印鑑や警察手帳を使って、こうした相手の住民票や戸籍などの公文書も違法に入手していたのだ。

この豊玉アジトは、捜索の一〇年も前から革マルの違法な情報収集活動の拠点だったことが捜査で明らかになったのである。そしてこの中から警察無線を傍受した内容が発見された。警視庁からの報告に、警察庁首脳は身震いしたという。

警察無線は以前、アナログ波を使用していたため、無線マニアならばだれでも聞くことができた。だが「かい人21面相」を名乗って挑戦状を送りつけ、青酸混入菓子をばらまいて食品企業を次々と脅迫した警察庁広域重要指定一一四号事件、いわゆる「グリコ・森永事件」をきっかけにデジタル化されたのである。

昭和五九（1984）年一一月一四日、現金受け渡し場所近くから「かい人21面相」グループの車が滋賀県警のパトカーを振り切って逃走した。警察無線を盗聴されて犯人側に動きを察知されることを恐れ、一般の警察官には現金受け渡しのことを何も知らせていなかったため、不用意に無灯火のライトバンにパトカーが近づいてしまったのが原因だった。この一件は、警察の大失態と評されることもあるが、無灯火の車に職務質問しようとするのは当然のことであり、一概にパトカーの警官を責めることはできない。ともあれ、これを契機に一般人が傍受できない警察無線の導入が決まったのである。

浦安アジト・ショック

豊玉アジト捜索から三か月が経った平成一〇（1998）年四月九日午前、公安二課は建造物侵入の容疑で千葉県浦安市のマンション八階と一一階の二部屋を家宅捜索した。ここで、市販のものを改造した無線機一二台と録音機二〇台、警察無線のデジタル信号を解読する装置を発見する。この「浦安アジト」こそが、警察無線の「傍受・盗聴」のための基地だったのである。

豊玉アジトで発見された警察無線の傍受内容も、ここで盗聴されたものだったことが裏付け捜査で分かったのだ。捜索に着手した際も、一一階の部屋にいた女性活動家数人が、警察無線を傍受していたという。八階の部屋は無線傍受担当の活動家が寝泊まりに使用しており、警察無線は女性活動家八人の交代制で二四時間、傍受されていた。

押収されたテープには警察官同士の会話が録音されており、それらの内容を文章に起こした資料も大量に残されていたのである。皇室を警護する警察官と警視庁本部のやり取りや、不倫など警視庁内部の不祥事を扱う警務部人事一課の監察担当者が、身内の警察官を尾行しながら、本部と無線で交信している内容の記録もあった。警察がアナログ無線を使用していた昭和五〇（１９７５）年ごろから革マルが警察無線を傍受していたことを示す資料も含まれており、アンテナは目立たないように模造の植木でカムフラージュして、窓辺に置かれていたのである。

一二台の無線機は、東京、神奈川、千葉、埼玉など、首都圏一帯の警察無線を受信できるようにセットされ、押収されたカセットテープには「神奈川」「埼玉」など警察本部ごとのラベルや中核派など敵対する過激派を意味するラベルが張られていた。また豊玉アジトの捜索以降、警察側が変更していた暗号コードも解読され、傍受され続けていた。

平成一三（２００１）年六月二二日には、神奈川県警警備部が窃盗容疑で家宅捜索した東京都世田谷区玉川の「玉川アジト」から、警察庁長官をはじめ、キャリア警察官や首都圏の公安担当警察官ら四〇〇〇人以上の個人データも発見された。中には採用年月日や学歴、出身地、住所、年齢、人事異動経歴、家族構成、家族の年齢まで調べられていた警察官もいたのだ。

さらには顔写真のほか、通勤途中や集会、デモの際に撮影されたとみられるビデオテープもあった。都内の警察官官舎全てに目印を付けた地図もあったのである。警部補以下の人事は通常、内部広報誌にも掲載されず、人事異動通知書で関係部署に伝達されるだけで、部外に公表されることはないことから、内部資料の流出も疑われたのだった。

警察最大の敵に

偽造した警察手帳で警察官に成り済まし、無線を傍受し警察活動を丸裸にした上で、自分たちを捜査対象とする警察官たちを逆に監視する――。前代未聞の活動内容に、警察組織は大きな衝撃を受けた。こうした経緯から、過激派のなかで警察最大の敵は、東京サミットを狙い迎賓館に迫撃弾を飛ばした先述の中核派から、豊玉アジトの捜索以降、革マルへとシフトしたのである。革マルは早々にゲリラ闘争から撤退し、他の過激派との内ゲバも下火となっていたことから、警察は当時、革マル対策を軽視していたが、それが一変したのだった。

豊玉アジトの捜索では中核派メンバーに関するＮＴＴやＮＴＴドコモの顧客データのほか、早稲田大学の石川正興教授宅を盗聴した内容も発見されている。

なぜ大学教授が盗聴対象となったのか。平成一九（２００７）年二月二一日、警察庁の米村敏朗警備局長（当時）は衆院国土交通委員会で「ＪＲ総連及びＪＲ東労組内において革マルの活動家がその影響力を行使し得る立場に相当浸透しているというふうに見ております」と答弁している。実は、革マルの企業での代表的拠点がＪＲ東日本であり、大学では早稲田大学だったからなのである。

早大側もこうした状況を良しとしていたわけではない。平成九年、早大は、学園祭「早稲田祭」のパンフレットの売上金が革マルの資金源となっている可能性があるとして、経理の透明化を求めてこの年の秋の早稲田祭を中止していた。大学側は「早稲田祭実行委員会が政治セクトの革マルに指導権を奪われている」と主張したため、革マルと関係が深いとされた一部の自治会と激しく対立する。この時、石川教授は学生部長として、学生側との交渉役を務めていたのだ。

公安二課の発表によると、革マルの非公然活動家たちは平成九年八月下旬から一〇月初旬にかけて、千葉市中央区の石川教授宅の電話回線に盗聴器を仕掛け、石川教授や家族らの電話の内容を毎日、盗聴していたという。ほかにも、石川教授宅に電話をかけてきた早稲田大学の教職員ら数人を割り出して嫌がらせをしたり、住民票を取得したりしていた。また石川教授の家族に「お父さんが交通事故にあった」などと虚偽の電話をかけていたというのだ。この経緯は前章でお話しした明治大学などの例によく似ているが、教授への圧力のかけ方は、より陰湿に感じられる。

早大では平成九年から五年連続で早稲田祭を中止し、革マル系の学生らの拠点とされた学生会館を壊して新学生会館を建設。ついに革マルの排除に成功したという。革労協と闘った明治大、革マルと闘った早稲田大、そして中核派の排除に舵を切った法政大と、過激派が拠点とする大学は東京でも減ってきているようだ。学生運動の名残は風前の灯火といえよう。

反天皇制団体

章の冒頭に述べたように、公安二課のメインターゲットは革マルであるが、それ以外の小さなグループも対象である。

たとえば、天皇制反対と靖国神社反対を掲げる「反天皇制運動連絡会」（反天連）。平成二二（2010）年の終戦の日、この団体は、東京・靖国神社近くの九段下交差点を約二〇〇人でデモを行っていた。「テンノウいらない」などと書かれたプラカードを掲げて行進するデモ隊と、沢山の日の丸（国旗）をかざして歩道からデモに激しく抗議する保守系団体の間に大勢の機動隊員が割って入り、衝突を防ぐ——この騒然とした現場で、デモを見守っていたのが公安二課の捜査員たちである。反天連は過激派の「諸派」に該当する。靖国神社近くに佇んでいた捜査員たちは、反天連のデモ隊が不法行為を働かないか監視していたのである。

また、公安二課は平成一五年七月一九日夜、東京都荒川区東尾久に住む過激派「黒ヘル」グループの活動家を東京都公安条例（許可条件）違反容疑で現行犯逮捕した。容疑内容は東京都渋谷区で有事法制反対を訴えるデモ隊約四三〇人の先頭に立ち、隊列を乱したり、ゆっくり行進させたりして、許可条件に違反するデモを指揮したというものだった。こうしたデモには「諸派」の活動家が紛れ込んでいることが多く、公安二課の監視対象となっているのである。ちなみに東京・JR渋谷駅周辺は日比谷公園と並んで、デモの拠点として使われるケースが多い。

平成二年に製作されてカンヌ国際映画祭にも出品された映画「島国根性」で、日本映画監督協会新人賞（奨励賞）を受賞した渡辺文樹監督が平成二〇年九月一一日午前四時一〇分ごろ、軽犯罪法違反容疑で公安二課の捜査員に現行犯逮捕された。容疑内容は東京都江東区亀戸の街路灯などに、自分の映画の宣伝ポスター数枚を無断で掲示したというものだった。

軽犯罪法は第一条で「みだりに他人の家屋その他の工作物にはり札をし、若しくは他人の看板、禁札その他の標示物を取り除き、又はこれらの工作物若しくは標示物を汚した者」は「拘留又は科料に処す」と定めており、無断の「はり札行為」を禁止している。渡辺監督は一〇日間ほどで約一〇〇枚のこうしたポスターを都内ではっていたという。

宣伝しようとしていた映画は「天皇伝説」という題で、天皇家を批判する内容。ポスターには「現天皇は昭和天皇の子ではない」という趣旨の過激な文章も書かれていた。もちろん未明の逮捕劇は偶然ではない。渡辺監督には、天皇制に反対するテロリストの姿を描いた「腹腹時計」という作品もあり、同映画の自主上映が行われた各地の会場では右翼が押しかける騒ぎとなっていたため、再び騒動が起きるのを恐れた公安二課は尾行を付けていたのだ。

公安二課には、公安一課が対象とするセクト以外の反天連などの「諸派」の活動家による反天皇制の活動について、違法性をチェックする任務が与えられているが、渡辺監督は反天皇制を掲げる「諸派」とみなされたのである。共産党のビラ配りも然りだが、微罪での逮捕に少し違和感を抱く読者もいるかもしれない。だがここでの判断には、反天皇制の活動の違法性をチェックするという側面に加え、右翼との衝突を避けるため上映にストップをかけようという狙いがあったのである。渡辺監督は結局、犯罪ではあるが起訴するほどの悪質性はないと検察に判断され、起訴猶予（不起訴）となっている。

公務執行妨害の使い方

「公妨（公務執行妨害）だぞ、公妨」「抑えろ、抑えろ」

ＪＲ渋谷駅の近くで警視庁の私服警察官が大声で叫ぶ。デモの参加者と警察官が入り乱れ、羽交い締めにされる中年男性や、四、五人の制服警察官に抑えつけられ連行されていく若者。デモは「フリーター全般労組」などが「リアリティツアー・62億ってどんなだよ。麻生首相のお宅拝見」と銘打って行ったイベントで、平成二〇（２００８）年一〇月二六日午後三時五〇分ごろ、総工費六二億円と噂された東京都渋谷区神山町の麻生太郎首相（当時）の私邸に向かい、約四〇人が行進していたものだ。

拡声機で演説もしていたことから、公安二課は参加者の男性一人が無許可でデモ（集団示威運動）や集会を主導したとして東京都公安条例違反容疑で現行犯逮捕し、これに抗議した二人を公務執行妨害容疑で現行犯逮捕した。大声で逮捕劇の陣頭指揮を執っていたのは、なんと公安二課トップの課長だった。課長自らデモの監視を取り仕切っていたのは、デモの対象が、時の総理だったからである。公務執行妨害罪とは、刑法第九五条第一項で「公務員が職務を執行するに当たり、これに対して暴行又は脅迫を加えた者を罰する」旨を規定している犯罪である。

過激派のゲリラやテロ、外国人スパイ（工作員又は諜報員）の捜査を担う公安部では、潜行捜査が出来なくなるため、相手に顔を知られることは御法度だ。だから、公安部員は家宅捜索の際、マスクや帽子で顔を隠すことが多い。だがデモの逮捕シーンは、逮捕された三人の支援者らによって映像に撮られ、動画投稿サイトの「ユーチューブ」で公開されてしまったのである。

議論を呼んだ動画

映像は多くのネットユーザーに閲覧され、コピーされて拡散した。この中で、公安二課長の顔は何度も大写しにされている。

実はこの映像には、警視庁による事前の警告シーンが含まれていない。そのため、警察が悪者となるよう意図的に編集された可能性は否定できないものの、一度公開された動画の影響力はすさまじかった。逮捕時の映像がインターネット上で大きな話題となり、「不当逮捕ではないか」との議論を巻き起こしたのである。

かつて、過激派が「転び公妨」と呼んだ公安警察の捜査手法がある。捜査員が自ら過激派の活動家にぶつかり、おおげさに倒れて「転ばされた。公務執行妨害だ」として現行犯逮捕するというものだ。だが過激派側がうそをついているのか、公安警察側がうそをついているのか、不透明であった。時折、過激派側が動画を撮っていて「不当逮捕」をアピールすることはあったが、アピールの場は自分たちの集会などにとどまり、一般人がその様子を目にする機会はなかった。だが動画投稿サイトの登場で、状況は激変したのである。

捜査関係者の顔を広く一般にさらされた上、その手法が不当か否かは置いておくとしても、捜査手法まで流布されてしまう事態に、公安警察の側も戸惑いがあるようだ。三人は逮捕から一二日目の一一月六日、東京地検から処分保留のまま釈放され、地検は同二六日、「起訴するほどの悪質性はない」として三人を起訴猶予（不起訴）にした。

元警察官僚の亀井静香衆院議員は、容疑者釈放後の同月一三日、逮捕を検証する集会に参加して「逮捕する状況ではなかったと思う。警視総監に直接電話して抗議した」と述べ、参加者を驚かせている。左派政党である社民党の近藤正道参院議員が国会でこの問題を取り上げたのはともかく、亀井議員の発言には公安部ＯＢも驚きを隠さなかった。

大阪地検特捜部の証拠改竄事件や任意聴取の様子をＩＣレコーダー（ボイスレコーダー）で録音されていた大阪府警東署の警部補暴言事件など、近年、無理筋な捜査に一般国民が厳しい目を向けている。渋谷のデモ隊に違法性はあったとしても、逮捕の妥当性には多くの閲覧者が疑問をもったという事実は、警視庁も真摯に受け止めるべきだろう。

第4章　公安三課vs右翼

石井紘基代議士殺害事件

「公安三課と連絡を取りたい」

平成一四（2002）年一〇月二六日午前六時四五分、東京・霞が関の警視庁正面玄関に現れた男は、憔悴し切った様子で、こう願い出た。男は前日の二五日、民主党の衆院議員、石井紘基氏を刺殺した右翼団体「守皇塾」代表、伊藤白水だった。

二五日の午前一〇時三五分ごろ、石井氏は東京都世田谷区代沢の自宅前で男に刃物で刺されて死亡した。男は現場から徒歩で逃走。警視庁では殺人事件を担当する刑事部捜査一課と公安三課が殺人事件として北沢警察署に捜査本部を設置し、捜査に乗り出していた。

公安は「左翼」だけを目の敵にしているわけではない。本章で扱う公安三課は民族主義・国家主義の思想を持つ民族派、いわゆる「右翼」の取り締まりを主に担当している。

かつて昭和三五（1960）年一〇月一二日には、右翼団体「大日本愛国党」の元党員、山口二矢《おとや》が東京・日比谷公会堂で演説中の日本社会党委員長、浅沼稲次郎を刺殺し、現行犯逮捕された。山口は当時一七歳で、事件の一か月前に愛国党を離党していた。公安三課は右翼団体や右翼的な思想を持つ団体の事務所に出入りしたり、監視（視察）したりしながら、「政治テロ」を企てる山口二矢のような人間がいないかどうかの情報を収集し、事件を未然に防いだり、情報に基づき事件の早期解決に役立てている。

平成に入ってからも、四（1992）年三月に栃木県足利市で自民党の故・金丸信元副総裁が講演中、右翼団体構成員に銃撃されたほか、平成六年五月には細川護熙元首相が東京都新宿区の京王プラザホテルのロビーで、自称右翼団体構成員から拳銃で威嚇発砲を受けるなど、右翼が政治家を標的にするテロは少なくない。

石井氏が刺殺された段階で、刺した男が伊藤と判明していたわけではないが、政治家が被害者だった上に、石井氏が右翼関係者とのトラブルを抱えていたとの情報があったため、事件直後から公安三課が捜査一課に合流していたのである。

凶行の現場となった石井代議士の自宅前

注目の論客

犯行時、伊藤はグレーのジャンパー姿で頭にバンダナを巻いており、無言のまま石井氏に近づいて左胸を刃渡り約三〇センチの柳刃包丁で刺した。現場近くに包丁を捨て、そのまま京王井の頭線池ノ上駅方向に逃走していた。この朝は、公用車の運転手が石井氏を迎えに来ており、自宅から出た直後に襲われたのである。運転手が「石井さんが刺された」と一一〇番通報した。

石井氏は心肺停止状態で東京都目黒区内の病院に運びこまれ、午後零時五分、失血死した。左胸には横に約三センチの刺し傷があり、下あごにも約五センチの切り傷があったという。

石井氏の自宅周辺では不審者が度々目撃されていた。なぜ彼は狙われたのか。

石井氏は東京六区選出で、衆院当選三回。世田谷区出身で中央大学法学部を卒業後、早稲田大学大学院を中退し、モスクワ大学大学院を修了した。東海大学の講師や元参院議長の江田五月氏の秘書などを経て、平成五年の衆院選で日本新党から初出馬し初当選している。

その後は自由連合や新党さきがけなどを経て民主党に参加。総務政務次官や衆院決算行政監視委員会理事、衆院災害対策特別委員長を歴任した。民主党屈指の論客として知られ、行政改革や構造改革などをテーマに国会で質問することが多く、政官業の癒着や税金の無駄遣いの追及に力を注いでいた。

また守備範囲は広く、平成一二年一二月に公開された深作欣二監督の映画「バトル・ロワイアル」が、無人島に拉致された中学生たちが最後の一人になるまで殺し合うという内容だったことから、「残虐シーンを次々に（子供に）見せていいのか」と衆院文教委員会で自民党の大島理森文部大臣（当時）を追及している。日本道路公団の改革論議をめぐり、平成一四年四月の衆院内閣委員会では、皮肉を込めて「（改革を検討する民営化推進委員会に）道路公団OBを入れる考えはないか」と質問もしていた。それだけに事件当初は、石井氏の発言に触発されたり、発言を封じ込めたりしようとした「言論テロ」の疑いも持たれていたのである。

語られた動機

出頭時、伊藤白水は事件当時に着ていたジャンパーを既に捨てており、新たに買った黄色いジャンパーに着替えていた。白髪交じりの頭髪は短く刈られ、犯行時に頭に巻いていた紺色のバンダナは、ズボンのポケットに突っ込まれたままだった。伊藤は犯行八日前の一〇月一七日に東京都世田谷区のアパートを強制退去させられており、都内の公園や簡易旅館を転々としていた。

犯行当日は石井氏宅の近くまでバイクで乗り付け、犯行後は池ノ上駅にバイクを置いて東京都八王子市の高尾山に逃走していた。高尾山に行ったのは「心の整理のため」だったという。都心に舞い戻ると、再びバイクに乗り、喫茶店やコンビニに立ち寄り、「新聞を買って読んで、『右翼』というのは俺のことだと思い、清算しなければと考えた」。公園で夜明けを迎え、バイクを世田谷区内の駐車場に置いてから、警視庁に向かったのであった。

伊藤は出頭直後、「石井の政治姿勢がおかしくなっている」と主張していたが、次第に「車代や転居費用などの要求を断られたことが動機だった」と語り始めたのである。「（石井氏との間で）考え方や感情のもつれがあった」とした上で「政治家に対する不信感もある」とも供述したという。

石井氏の事務所関係者の証言から、伊藤が困窮して石井事務所でしばしば金を無心していたことも明らかになった。伊藤は一九八〇年代初めまでは暴力団組員だったが、昭和六〇（1985）年に右翼団体に加入している。半年で脱会したものの、同年七月に自ら守皇塾を結成。本人以外の構成員はいなかったが、自ら「塾長」と名乗っていたのだ。

昭和六三年には、登山ナイフを持って東京・代々木の日本共産党本部を訪れ、銃刀法違反容疑で逮捕されたこともあった。世田谷区のアパート家賃滞納は、三年間で約二〇〇万円にのぼっていた。アパートでは近所の子供の泣き声に「うるさい」と怒鳴り、一晩中壁をたたくなどトラブルも絶えなかったといい、強制退去は大家から立ち退きを求められて裁判所の強制執行を受けたものだった。

伊藤は平成四（1992）年一一月ごろ、石井氏が初出馬するとの情報を得た際、「（弁が立つ）有望な政治家で利用価値が高い」と考え、事務所を訪ねて度々接触するようになったのである。「私みたいな人間には車代を渡すもんだ」などと言い、車代や金銭をせびり、書籍や日本酒を定価より高い値段で繰り返し買い取らせていた。そのうち、伊藤は自分の政治的な見解が石井氏にとって有益で、信頼されていると勝手に思い込むようになる。

時には週一度のペースで石井氏の地元事務所を訪れ、事務所側に断られると、東京・永田町の議員会館に直接、石井氏を訪ねることもあり、「金に困ると来るという感じだった」（事務所関係者）とされる。事務所のスタッフは石井氏から「怖いから、お茶を出して帰ってもらえ」などと指示されていたのだ。こうして面談を断られるようになると、伊藤は憤懣を募らせ、事件を起こす三か月前の平成一四年七月には石井氏宅への放火を計画したという。一時は、石井氏宅付近の駐車場にガソリン入りのポリタンクを隠していたのである。

同年九月、アパートの退去を余儀なくされると、「引っ越し先を何とかしてもらえないか」と石井氏に転居費用の負担や転居先の世話を要求した。これを拒否されたため、「議員として育ててやったのに、ぞんざいに扱われた」「恩義を忘れた不遜極まる態度だ」などと一方的に思い込み、金銭的にも利用価値がなくなったと感じて殺害を実行したのである。犯人自ら「公安三課」を指名した事件だったが、政治テロではなく金銭トラブルをめぐる怨恨と分かり、捜査は終結したのだ。

様々な「右翼」

前述の通り、公安三課の日常業務は、右翼の情報収集である。警察庁の見解では、右翼のうち暴力団と関係があるのは約四割としている。筆者にはもっと多いようにも感じられるが、一般的に「任侠右翼」と呼ばれる暴力団系右翼と非暴力団系右翼が、公安三課の視察（監視）と情報収集の対象だ。このうち六〇年安保以降、反共産主義を掲げて「実力行使もやむなし」として生まれた過激な右翼を「行動右翼」と呼ぶ。また右翼は「反共」であるが故に自然と「親米」になるケースが多いが、「反共」一本槍ではなく日米安保条約破棄を掲げて通常の右翼と一線を画している団体を「新右翼」と呼び、右翼活動を行う傍ら企業を街宣活動で攻撃し、それを止めるのと引き替えに金銭を得ようとする団体を「街宣右翼」と呼んでいる。

こうした右翼のうち、首都東京に拠点を持つ団体の事務所などに出入りして、日々情報収集を行うのだが、驚くことに、公安三課の捜査員の中には、右翼団体の幹部を「先生、先生」と呼んで人間関係を良好にし、情報を得ているものも少なくない。右翼団体の構成員と一緒に食事をし、酒を飲む捜査員もいるのだ。この点は、ここまで紹介してきた公安総務課や公安一、二課とは大きく異なる。

一方で情報収集に協力的ではない新右翼などの右翼には、隠れもせずに隣を歩くなどどこまでも公然と尾行する「同伴尾行」を行って挑発するという。カッとなって捜査員を突き飛ばせば公務執行妨害容疑で現行犯逮捕される可能性もある。捜査員と仲良くなる道を選ぶ右翼が多いのは、こういうことも背景にあるのだ。

さて、平成四年の暴力団対策法施行後に急増したとされる「右翼標榜暴力団」は本来、公安三課の視察対象ではなく、暴力団を取り締まる警視庁組織犯罪対策四課（旧刑事部捜査四課）の担当である。だが、右翼を標榜している以上、公安三課には、活動が活発な団体に限って一応は情報収集をする担当班がある。また当初は、右翼標榜暴力団とみなしていても、右翼活動の実態があると判断すれば、右翼と認定せざるを得なくなることもある。

暴力団との関係

以前、街宣を中止するように東京地裁から命令を受けた右翼標榜暴力団が、「公安部は『右翼活動の実態はない』としており、警視庁組織犯罪対策三課（旧暴力団対策課）は『指定暴力団と関係が深い団体』としている」と新聞に書かれたところ、公安三課に対して「うちは右翼ではないというのか」と抗議したことがあった。

この団体は、右翼標榜暴力団の担当班が情報収集をしていたが、その後、任俠右翼として視察対象となったそうである。右翼としての実態が認められたのか、新聞で公安三課の「本音」が明るみに出たことで、情報収集に支障が生じたから視察対象に「昇格」したのか、真相は不明だ。

ただ、テロ防止のため右翼関係者と信頼関係を構築することが最重点課題だけに、「公安部で取り締まると右翼との人間関係が損なわれるから、組織犯罪対策四課の方で右翼を逮捕してくれるのはありがたい面もある」とまで言う公安三課関係者もいる。ある面、癒着しているとも言えるのだ。暴力団を取り締まる組織犯罪対策四課も、かつては似たような暴力団との癒着が指摘された。

だが近年は山口組を中心に「警察とは話をしない」「事務所にも入れない」ことを徹底する暴力団が増えている。いわばマフィア化しているため、暴力団と組織犯罪対策四課との癒着は、公安警察と右翼とのそれほどはひどくなくなったとされる。捜査対象が重なる部分が少なくないため、過去には公安三課と旧捜査四課で人事交流をしようとしたこともあったが、元来が目的の違う組織であるために公安三課出身者が出先の旧捜査四課で白眼視されるなどして、結局はうまくいかなかったという。

平成一五年、警視庁に組織犯罪対策部が新設され、刑事部の旧捜査四課、旧暴力団対策課や生活安全部の旧銃器薬物対策課などが同部に集約された。この際、同じように公安三課を旧捜査四課と統合させる案も浮上したが、見送られた経緯もある。

もちろん、公安三課も右翼の犯罪を看過しているわけではない。このため事件捜査の担当部門「事件班」が設けられているのだ。また公安三課は警視庁本部だけではなく、牛込警察署（新宿区）の庁舎内に拠点を置いており、牛込警察署では公安三課ナンバー2の理事官が陣頭指揮を執っているのである。

公安三課が扱う事件は、これまで紹介してきたように殺人や威嚇発砲など様々だが、内偵事件の場合は右翼の資金獲得活動を阻止することに主眼が置かれることから、恐喝や恐喝未遂の容疑が多い。平成一八年五月二二日、駐車場の立ち退き料名目で東京都小平市内の病院から現金を脅し取ろうとしたとして、右翼団体「日本青年社忠龍塾」（横浜市青葉区）の幹部で東急バス運転手（当時）の男を恐喝未遂の疑いで逮捕している。容疑は病院の改築工事に伴い、自宅近くに借りていた月極駐車場から退去するよう求められたことに腹を立て、同年三月二三日から四月四日までの間、四回に渡って病院の改築部長から現金を脅し取ろうとしたというものだった。

男は昭和六一（１９８６）年、東急バスに入社し、事件当時は川崎市内の営業所に勤務していた。主に路線バスの運転を担当していたが、東急バスは「右翼団体の幹部とは知らなかった」という。

自爆テロ、上京右翼

政治テロが多いことから、公安三課が手がけることになる事件で必然的に目立つのが、国会議事堂前での「自爆テロ」である。平成二〇（２００８）年七月二〇日午後一〇時半ごろ、国会議事堂正門前で、東京都葛飾区の右翼の男が腹に刃渡り約一五センチの包丁を刺して自殺を図った。男はすぐに救急車で病院に運ばれ命に別条はなかったが、民主主義を象徴する国会前での凶行は、右翼の凶暴さを改めて際立たせた。

同年三月五日午前八時一五分ごろには、国会南門前の路上でタクシーから降りたスーツ姿の男が突然、自分の頭を拳銃で撃ち、病院に搬送されたが約一時間後に死亡している。持っていた運転免許証から、大阪市内の右翼活動家と判明した。左手には、政府の外交姿勢を批判する内容が書かれた封筒二通が握られており、宛て名は「内閣総理大臣福田康夫殿」「報道機関各位」と書かれていたのである。

またこの四年前の平成一六年九月三〇日午後三時三五分ごろには、国会の通用門前路上で、国会に突入しようとした乗用車が炎上する事件も起きている。車は全焼し、運転していた神奈川県綾瀬市の元右翼団体幹部が建造物等以外放火の現行犯で逮捕された。元右翼団体幹部は車内やボンネット周辺にガソリンをまき、ライターで火をつけて通用門に向かったが、車内に煙が充満し、路上で停止したのだ。そして公安三課と麴町警察署の取り調べに「北朝鮮の拉致問題を巡る政府の対応が気に入らなかった。正門前は警備が厳しかったので、通用門にした」と供述している。

公安三課が視察対象とする右翼は、都内に拠点を持つ団体ばかりではない。「上京右翼」も対象である。これは街宣活動などのためにわざわざ東京まで上京してくる右翼を指している。

毎年終戦の日には東京・九段北の靖国神社周辺に、全国から街宣車が集結する。ほかにも北方領土の日（二月七日）や旧ソ連が昭和二〇（1945）年に対日参戦した反ロデー（八月九日）には東京・麻布台のロシア大使館近くに街宣車が集まるのである。中国の尖閣諸島問題や韓国の竹島問題、北朝鮮による拉致問題やミサイル発射など、外交問題が動く度に東京・元麻布の中国大使館や東京・南麻布の韓国大使館、靖国神社裏の在日本朝鮮人総連合会（朝鮮総連）中央本部の近くにも、上京右翼が都内の右翼と入り交じりながら集まり、音楽や主張を大音量で響かせるのである。

こうした上京右翼が「せっかく東京に出てきたのだから一花咲かそう」と意気込む危険があるため、上京右翼の担当は他の道府県警警備部と連携するとともに、過去に上京した際の宿泊先に宿泊予定の有無を確認するなどして、上京してくる右翼をその都度リストアップし、過激な行動を取らないかマークするのである。

危険な潜在右翼

ここまでは、自らを右翼と名乗る捜査対象と公安三課の関係について述べてきた。だが、現在最も公安警察が危険視しているのが、「潜在右翼」である。その名の通り、潜在的な右翼思想の持ち主であり、右翼団体の看板は掲げていないだけに、公安警察にとっても把握しにくい相手といえる。右翼の街宣を熱心に聞いていたり、ナショナリズム（民族主義）に満ちた書物を出版したり、過激で民族主義的な内容のブログをインターネット上にアップしているような人物を「潜在右翼の可能性がある」とみて調べ、危険だとみなせば視察の対象としている。だが実際には危険な潜在右翼を見つけ出すことは容易ではなく、大半が視察の網から漏れてしまうのである。その最たる例が、平成一五（２００３）年に摘発された「征伐隊事件」だった。

事件は静かに始まった。平成一四年一一月九日午後零時半過ぎ、東京都千代田区の社民党本部と朝鮮総連中央本部から「不審な郵便物が届いている」と麴町警察署に届け出があったのである。いずれも差出人名のない茶封筒の速達で、中からそれぞれ三八口径の銃弾一発と声明文が見つかった。声明文は手書きで、北朝鮮の拉致問題を非難した上で「社民党は即刻、解党せよ」「北朝鮮人はさっさと日本から出て行け」などと書かれ、「朝鮮征伐隊」の署名があったのである。

両方とも八日の消印で、九日午前に届いていた。翌一五年一月一四日には名古屋市中村区の朝銀中部信用組合名古屋支店が銃撃されているのが発見されている。その直前、地元の中日新聞社に同じく「朝鮮征伐隊」を名乗る男から「名古屋駅前の朝銀に銃弾を撃ち込んだ」と電話があったのである。そして東京と名古屋の事件が忘れ去られかけていた同年五月三〇日午前一一時ごろ、東京都杉並区西荻北のオウム真理教主流派「アレフ」（以下オウム真理教）の東京道場一階入り口のドアに銃弾が撃ち込まれたような穴があるのを杉並警察署員が見つけた。

二九日午後一一時ごろ、道場内の信者数人や近所の住民がドア付近で「バン」という音を聞いており、信者が発砲音の直後に急発進する横浜ナンバーの白い乗用車を目撃していた。同日深夜には、複数の報道機関に男の声で「赤報隊の国賊征伐隊だ。（同日）午後一〇時四三分、オウムの道場に銃弾を撃ち込んだ」と電話があったのである。

一体、どこの組織が？

事件は当初、朝鮮征伐隊を名乗っていたことから、警察当局は平成一四年九月一七日に当時の小泉純一郎首相が電撃的に北朝鮮を訪問し、金正日総書記が拉致を認めた日朝首脳会談を受けた悪質ないたずらと受け止めていた。このためオウム真理教東京道場に銃弾が撃ち込まれた際、公安部内では「なぜオウムなんだ」との声があがっていた。征伐隊による捜査の攪乱は、ここから本格的に始まったのである。

広島県教職員組合（広教組）の事務所や朝鮮総連新潟県本部脇の倉庫シャッターに銃弾が撃ち込まれ、旧朝銀新潟信用組合を引き継いだハナ信用組合新潟支店脇の通路では、プラスチック容器とリード線がついた発火物の入った紙袋が置かれているのが見つかったのだ。いずれも「建国義勇軍国賊征伐隊」や「国賊征伐隊」を名乗る犯行声明があり、「建国義勇軍」や「国賊征伐隊」「朝鮮征伐隊」などの名称を使い分けたり、組み合わせたりしながら、犯行はどんどんとエスカレートしていった。

北朝鮮に対する融和外交を進めていた外務省の田中均外務審議官（当時）の自宅にも発火物を仕掛けると、今度は親北朝鮮派とされる政治家らの個人攻撃が始まった。平成二年の金丸訪朝団に加わった野中広務元衆院議員の事務所や、その側近中の側近とされた鈴木宗男元衆院議員の事務所などに実弾入りの封書が次々と送りつけられ、結局「建国義勇軍」や「征伐隊」を名乗る事件は平成一五年一一月までに二四件にのぼったのである。範囲は北海道から福岡県まで一一都道府県に及んだ。こんな広範囲にわたる犯行が可能な組織とは一体、どこなのか——。

対象は朝鮮総連や旧朝銀信用組合など北朝鮮関係に加え、国会議員や官僚、オウム真理教、日教組系の労働組合などで、実弾郵送が一一件、拳銃発砲が七件、発火物設置が五件、放火が一件。いかにも右翼が狙う対象であり、犯行手口だった。それにもかかわらず、公安三課を含めた全国の公安警察の右翼情報網には一切、引っかからなかったのである。

日本刀愛好団体、逮捕

しかし、捜査は一気に動く。一連の事件で、公安三課は平成一五年一二月一九日、オウム真理教の東京、大阪両道場や広教組に拳銃を撃ち込んだ銃刀法違反の疑いで、日本刀愛好団体「刀剣友の会」の会長で岐阜市に住む村山浩二(仮名・五四歳)ら六人を逮捕したのである。岐阜市西川手の村山の家には一九日午前八時四〇分ごろ、公安三課の捜査員ら約三〇人が捜索に入り、村山は午前九時一五分過ぎ、ノーネクタイに紺色のスーツ、こげ茶色のコート姿で、両脇を捜査員に挟まれながら玄関に姿を見せて、無言で車に乗り込んだ。

逮捕された友の会会員らは「会長の指示で現場に行った」と供述。逮捕容疑となった三件と、同年七月の朝鮮総連新潟県本部銃撃、同八月の岡山市の朝銀西信組銃撃で現場に残された三八口径の銃弾の線条痕が一致したことにより、一連の事件は一転、全面解決に向かったのである。

だが捜査を動かしたのは、公安警察の捜査手法ではなく、刑事警察の捜査手法だった。「征伐隊」の犯行が次第にエスカレートしたことから、警察当局は「このままでは人的被害が出る恐れが大きい」と危機感を募らせていた。殺人や強盗、窃盗などを担当する刑事警察は、現場の物証や目撃情報などをもとに捜査を進め、犯人を割り出す。

一方、左翼や右翼のテロやスパイ事件などを担当する公安警察は、既存の団体の関係者たちから日常的に情報を集め、情報をもとに犯人を絞り込んでいく捜査手法をとる。ところが、一連の事件では、公安三課など公安警察の捜査員が右翼団体の関係者をいくら聞いて回っても、犯人につながる手がかりは得られなかった。

このため、数少ない目撃証言を足がかりに、点と点をつないでいく刑事警察の捜査手法が重視された。オウム真理教東京道場銃撃事件で目撃された車の車種を防犯カメラの映像などから絞り込み、「横浜ナンバー」と「車種」から地道に聞き込みを行って、車の所有者が友の会の会員であることを突き止めたのだ。

またオウム真理教大阪道場と広教組への銃撃事件では、同じ車が目撃され、防犯カメラの解析などで別の友の会会員が浮上。広教組の現場付近では、村山とみられる男も目撃されていたことが判明した。事件は村山らが現場付近で刀剣展示即売会を開く度に発生していたことも分かり、刀剣友の会が捜査線上に浮かび上がったのである。

ネット上の「活動」

「赤報隊の生き残りや」。刀剣友の会の会員らは「建国義勇軍」を名乗り、報道機関への電話でこうすごんだ。銃を使用し犯行声明を出すが、犯人の顔が見えず薄気味悪いテロの手口は、「赤報隊」を名乗った昭和六二（1987）年の朝日新聞襲撃事件を連想させるに十分であった。だが、仕掛けた「発火物」は発火できない稚拙なもので、実際には愉快犯の延長に過ぎないものだった。

主犯の村山は秋田県出身で法政大学卒。経営する刀剣販売会社では、日本刀のほかモデルガンの販売も手がけていた。自らを「日本国臣民」と呼び、領土問題に対する日本政府の対応を非難する右翼的な活動をしていた。北方領土問題についての著書もあった。また友の会のホームページでは「尖閣諸島上陸記」というコーナーを設け、平成一三（2001）年五月に上陸した村山が、日の丸の鉢巻き姿で日本刀を振りおろす写真を公開していたのである。友の会の会報では、「我らが闘いの旗印は『反共』『反米』『反社会主義』に尽きます」などとアピール。

しかし、街宣などの活動実態がなく、警察当局は右翼とは認定できていなかった。村山自身既存の右翼団体を支援していたが、大胆な犯行につながるほどの「活動実績」はなかったのである。

この事件は、潜在右翼対策の重要性と難しさを公安警察に突きつける結果となった。素人集団によるテロの危険性をまざまざと知らしめたからだ。

友の会にはスピーカーが付いた街宣車もなく、最終的に逮捕された村山以外の計一四人も、右翼や右翼標榜暴力団とは無縁であり、右翼団体が集まる集会に参加経験があるものも皆無だったのだ。事件は全て、村山が計画し、自らの考えに同調する会員らを犯行に誘っていたのである。逮捕者の多くは公安三課の取り調べに対して「本当は会長の誘いを断りたかった」と供述したが、日本刀を扱う古物商が複数含まれているなど商売上の付き合いがあったこともあり、「断り切れなかった」と吐露している。

警察庁が把握する国内で活動中の右翼は約九〇〇団体、約一万人とされる。だが逮捕された一五人はこうしたものに一切含まれない、まさに潜在右翼たちであった。インターネットの掲示板に北朝鮮や中国を中傷する書き込みをするなど「ネット右翼」と呼ばれるネットユーザーも増えており、同様の事件が起きる可能性は否定できないが、あまりにも増えすぎていて、公安警察にも把握しきれない状態となっている。公安警察は既存の右翼団体に対する従来の捜査手法に拘泥せず、地道な捜査を重視していく必要に迫られているのである。

第5章　外事一課vsロシアスパイ

「黒羽一郎」背乗り事件

平成九（1997）年七月四日、東京都練馬区のマンションに警視庁の捜査員らが密かに家宅捜索に入った。公安部外事一課、通称「ソトイチ（外一）」。日本で活動する外国スパイ組織を監視対象とし、なかでもロシア（旧ソ連）スパイ（工作員又は諜報員）の摘発を最大の任務とする「スパイハンター」「スパイキャッチャー」たちである。

公安部では、次章で扱う外事二課がパキスタンより東側のアジア諸国を、外事一課がそれ以外の国々を担当している。アジアの定義には、中東を含んで西はトルコまでを範囲とする広義のアジアのほか、外務省のホームページでも採用している狭義のアジアがあるが、パキスタンより東側のアジアというのが、この狭義のアジアである。つまりソトイチ（外一）の守備範囲は「狭義のアジア」以外の国々というわけだ。

このように、外事一課の受け持ち地域は広大で、ロシアスパイ摘発の傍ら、仮に他の欧州各国やアフリカ、中南米、中東（アフガニスタン以西のアジア）諸国からスパイが送り込まれたり、不法入国などがあれば捜査を担当するのだ。実は元衆院議員の鈴木宗男氏の秘書だったコンゴ人男性に一時期、旅券偽造疑惑が取り沙汰された際、外事一課が情報収集に当たっていたのである。

さて、ソトイチ（外一）が急襲したマンションの名義人は「黒羽一郎」だったが、ここに住んでいた「黒羽」は日本人ではなく東アジア系のロシア人だった。その正体はロシアのスパイであり、スパイの中でも身分を完全に隠したまま諜報活動（エスピオナージ）を行う非公然活動家、通称「イリーガル機関員」であった。これは、本当の国籍を隠して不法（イリーガル）に日本に滞在しているためのネーミングである。マンションからはスパイの七つ道具である乱数表が押収された。

その男は、昭和四〇（１９６５）年に福島県内の自宅を出たまま行方が分からなくなっていた歯科技工士の黒羽一郎さん（失踪当時三四歳）に成り済ましていた。その上、翌四一年から東京都港区の貿易会社に勤務し、昭和五〇年には日本人女性と結婚。同居生活を始め、昭和六〇年にこのマンションを購入したのである。実に三〇年以上も完全に黒羽さんに成り切っていたのだ。しかも、黒羽さんの消息も失踪理由も、未だに不明のままなのである。

男は日本国内では政党関係者や自衛隊関係者らと頻繁に会って政局の分析情報や日米の軍事情報を収集する一方、貿易関係の肩書きで約三〇年間のうち通算一五年以上を欧州などへの出張を繰り返して過ごしており、一年以上帰国しないこともあった。日本語とロシア語のほかスペイン語も話すことができ、その語学力を生かして西側諸国に警戒されない「日本人」の立場を利用しながら、知り合った人物から政治や経済、軍事に関する情報を幅広く収集していたとみられている。帰国の度にまとまった現金を持ち帰り、妻に生活費として渡していた。

だが妻の供述によると、男は妻にもほとんど身の上話をしたことはなく、妻もこの二〇年以上の間、全く疑いを抱かなかったという。スパイはおろか、日本人ではないことにも気が付かなかったというのである。家宅捜索のとき、男の机や箪笥の引き出しは髪の毛などの目立たない物を糊ではって密かに「封」がされており、外出中に男以外の者が室内を物色したりすると後で分かるように細工されていた。用心深いプロのスパイだったことが分かる。

日本人似の東アジア系の顔立ちを生かし、身寄りがない人に成り済ますスパイの手口は「背乗り《はいのり》」と呼ばれる。日本人拉致事件などに関わった北朝鮮の工作員（スパイ）に多い手口だが、東アジア系ロシア人は警視庁公安部にとっても盲点だった。だからこそ約三〇年も暗躍を許すこととなったのである。

男は冷戦時代、映画「００７」シリーズなどハリウッド映画では常に悪役として描かれていた旧ソ連国家保安委員会（旧ＫＧＢ）に所属しており、スパイとして日本に送り込まれたのである。

デッド・ドロップ・コンタクト

男は旧ＫＧＢの関係者や、平成三（１９９１）年のソ連解体後はその後継機関であるロシア対外情報局（ＳＶＲ）の関係者に、入手した情報を伝え続けていた。その伝達方法はきわめて巧みなものだった。

かつてスパイは情報を仲間に伝える際、「フラッシュ・コンタクト（すれ違い連絡法）」や「ブラッシング（すれ違い）」などの名で呼ばれる手口を多用していた。特殊な方法でしか現像できないマイクロフィルムに情報を収め、渡す側と受ける側が歩きながらすれ違う一瞬に受け渡しを完了する。だがイリーガル機関員にとっては、一瞬でも仲間と接触（コンタクト）を図ること自体危険が大きい。いずれかが捜査機関に尾行されていれば、双方のつながりが分かってしまうからだ。このためイリーガル機関員が好んで使っていたのが「デッド・ドロップ・コンタクト」と呼ばれる別の手口だった。日本国内では、神社仏閣や墓地、道端の地蔵など人気《ひとけ》がない上に工事などで環境が変わる可能性が低い場所を選んで情報を隠し、その後、仲間が回収する方法である。

「黒羽」も「デッド・ドロップ・コンタクト」を使っていた。連絡場所に選んだのは、東京都世田谷区の閑静な住宅地にある神社「世田谷八幡宮」と東京都中野区の「哲学堂公園」の二か所だった。日本での諜報活動で得た自衛隊などに関する情報をマイクロフィルム化し、飲料水の空き缶の中に隠して、世田谷八幡宮の社務所裏に植えてある松の脇の石垣の上や哲学堂公園内の池の脇にあるベンチの下に置き、仲間である旧KGBやSVRの機関員が後で回収する方法で、情報を伝達していたのだ。マイクロフィルムを収める空き缶は、大手清涼飲料水メーカーのサイダーに限定し、誤って関係のない缶を回収することがないよう、工夫していた。二か所とも、周辺住民ではない人間が出入りしていても不審に思われない場所であり、出入り口が二か所以上あって緊急時の逃走も容易だった。入念に連絡場所を選んだ結果だったことがよく分かる。

アナログ捜査の強さ

外事一課の捜査手法のひとつは、東京・麻布台にあるロシア大使館に出入りする関係者や、ロシア政府の貿易政策を担う東京・高輪のロシア通商代表部に出入りする関係者を尾行し、接触する相手との関係を調べ上げていくというものである。

在日ロシア連邦大使館、正門

「デッド・ドロップ・コンタクト」と同様、ソトイチ（外一）のこの手法もアナログだが、ハイテクなインターネットのメールなどによる情報伝達は、さらにハイテクな捜査手法で見破られる危険性もある。旧KGB出身のプーチン首相は、大統領時代からソ連崩壊に伴って弱体化した情報機関の強化を進めてきたとされる。だが米国で摘発され、「美しすぎるスパイ」として話題となったSVRのスパイ、アンナ・チャップマンはニューヨーク・マンハッタンのカフェや本屋でパソコンのワイヤレス通信機能を使ってSVR関係者とデータのやりとりをしているのを捕捉されている。マイクロフィルムに対してパソコン通信と、データの扱いはハイテク化しているが、接触は御法度という基本を守らなかったことで、尾行というアナログな捜査手法によって摘発されたわけだ。スパイとスパイハンターの攻防戦では、最新のハイテク技術を導入しながらも、古くからの手法が生き続けているのである。

さて、SVRのメンバーとみられるロシア大使館の一等書記官、V・P・ウドヴィンを尾行するなど視察を行っていた外事一課は平成九年の初め、彼が練馬区内のマンション周辺に度々足を運び、このマンションに住む女性を尾行するなど監視していることを察知した。この女性の夫が「黒羽」だったのだ。

昭和四〇（1965）年から四五年までと五二年から五六年までの二度、日本に赴任し、平成五（1993）年からは三度目の日本赴任となっていたウドヴィンは、過去の視察で世田谷八幡宮と哲学堂公園に出没することが既に分かっていた。「黒羽」が連絡場所に使っていた場所である。最初に赴任した昭和四〇年は黒羽一郎さんが失踪した年でもある。偶然ではないだろう。

一方、「黒羽」は黒羽さん名義の旅券（パスポート）を使い活発に活動していた。平成四年六月に在オーストリア日本大使館でパスポート更新を申請し、同年七月に交付を受け、その旅券を使って平成六年二月に成田空港から再入国。だが平成七年二月に中国・北京に出国したきり、日本に再び入国したという記録はない。

平成九年二月には妻をロシアに呼び寄せ、モスクワ郊外の豪邸に滞在。帰国する日の直前には「急に仕事が入った」と言って、妻に現金を持たせて一人で日本に帰国させていた。二年間も日本に戻らない一方で、同年六月にはロシアの在サンクトペテルブルク日本総領事館で旅券を再び更新した。

外事一課は男がロシアに完全に帰国したのか、再び入国するのか読み切れなかったことから、状況を打開するために同年七月、他人名義のパスポートで出入国をしていた旅券法違反の容疑で本格捜査に着手し、この章冒頭の家宅捜索に踏み切ったのである。外事一課は同月一七日に外務省を通じてウドヴィンに事情聴取を要請したが、翌一八日、ウドヴィンは突然出国。外事一課では旅券法違反容疑で男の逮捕状を取り国際刑事警察機構を通じて国際手配した。

スパイには長年活動を休止していても、活動を再開させるケースがあり、こうしたスパイは「スリーパー（眠る者）」と呼ばれる。しかし、国際手配から一一年が経過した平成二〇年八月一三日、外事一課は生存していれば八〇歳前後とみられる男の年齢を考慮し、既にスパイ活動の一線から身を引いた可能性が高いと判断。旅券も前年の六月で期限切れとなっていたことから、再入国の見込みはないとして、旅券法違反などの疑いで書類送検し、長きにわたった捜査を終結させたのである。男の真の名前は、最後まで突き止めることはできなかったのだ。

では、ロシアスパイの具体的な狙いとはなんであろうか――。

狙われた東芝

「私の名前はバッハです。イタリアから来ました」。平成一六（２００４）年の春、千葉・幕張で行われた電気機器の展示会場で大手電機メーカー「東芝」の子会社「東芝デイスクリートテクノロジー」の若手営業担当、岡田悟（仮名）は、見知らぬ白人の男から、こう声を掛けられた。男の正体はＳＶＲ所属で在日ロシア通商代表部員のウラジミール・サベリエフであった。

　産業スパイという裏の顔を隠し、日本で活動していたサベリエフは、イタリア人を装い「コンサルタントをしているので協力して欲しい」と言葉巧みにハイテク企業の日本人サラリーマンに接近したのである。飲食を重ねる中で、当初は警戒感を抱かせないように無理な要求はせず、岡田が金銭を受け取るようになると、「東芝のＬＡＮに入れないだろうか」「半導体の情報がほしい」などと徐々に内部資料を求めていったという。そして岡田は大胆にも飲食店で会食中に「機密」を渡していたのである。

　ロシアのスパイは身内のイリーガル機関員らとは「デッド・ドロップ・コンタクト」などを使って情報伝達を行う一方、エージェント（情報提供者又は提報者）とは飲食店で情報の受け渡しをする大胆な手口を併用するのが特徴である。サベリエフに渡った機密情報は、高周波トランジスタなどの半導体関連情報で民生用のものだったが、潜水艦や戦闘機のレーダー、ミサイルの感知システムへの転用も可能なものであった。

　岡田は平成一六年九月から翌一七年五月の間、九回にわたって東京都内の居酒屋やファーストフード店などでサベリエフと会い、ノートパソコンからメモリーカードにこうした資料をコピーさせ、見返りに合計一〇〇万円を受け取っていた。しかし、その一部始終は私服姿の外事一課員に監視されていたのである。

サベリエフは同年六月に出国したことから、外事一課は同年一〇月二〇日、軍事転用が可能な半導体の機密データを渡して勤務先の会社に損害を与えたという背任の容疑で岡田とサベリエフの二人を東京地検に書類送検した。岡田は外事一課の取り調べに対して「バッハの要求が具体的でおかしいと思ったが、飲食代が欲しかった」と供述したといい、産業スパイに金をつかまされて籠絡された実態が、改めて浮かび上がった。

ボガチョンコフ事件

自衛隊員が狙われたケースも少なくない。理由は日本の国産ハイテク軍事技術もさることながら、同盟国の米国から供与される世界最高峰の米軍の軍事技術が狙われているからである。

例えば、平成一二（2000）年九月には、ロシア大使館駐在武官で海軍大佐のビクトル・ボガチョンコフが海上自衛隊の三等海佐、矢崎透（仮名）に現金を渡して日米の軍事秘密文書の提供を受けていたことが発覚。スパイのエージェントとなっていた矢崎が、自衛隊法違反容疑で外事一課に逮捕され、有罪判決を受けている。

ボガチョンコフはロシア最大の諜報機関とされるロシア軍参謀本部情報総局（GRU）に所属。GRUは、旧KGBの流れをくむSVRと並ぶロシアの諜報機関の二枚看板であり、「ライバル関係にある」（元警視庁幹部）とされる。大まかに言えば、GRUが各国の軍関係者を標的とする軍事スパイであるのに対し、SVRは産業スパイや政治スパイを担当している。ロシア通商代表部にはGRUもいるが、やはり産業スパイだけに同通商代表部はSVRの牙城であり、日本のハイテク企業はSVRの主要ターゲットの一つなのである。

ただし、ライバル関係にあるため、いい情報があればこの棲み分けは意味がなくなる。サベリエフがハイテク企業に触手を伸ばし、ボガチョンコフが自衛隊員に近づいたのは、棲み分け通りだが、背乗りしていたSVRの「黒羽」が政治や経済の情報だけでなく軍事情報も集めていたことを考えれば、貪欲なスパイにとって棲み分けは必ずしも関係ないというわけである。

ちなみに「美しすぎるスパイ」の父親は旧KGBに所属していた。娘がGRUではなくSVRに所属したのも、ライバル関係を考えれば必然といえるのだ。在日ロシア大使館員は、三分の二がSVRやGRUのスパイとされ、三分の一が本来のロシア外務省の外交官とみられている。

スパイと不逮捕特権

太平洋戦争開戦直前の昭和一六（1941）年一〇月に警視庁公安部の前身に当たる警視庁特別高等警察部（特高）に逮捕され、死刑となったソ連のスパイ、リヒャルト・ゾルゲはGRU所属で、今でもGRUから英雄視されている。ドイツの新聞社の特派員として昭和八年に来日し、朝日新聞記者らと共に日本の対ソ戦争参戦の可能性などに関する機密情報を入手し、ソ連の対独戦を有利にしたからだ。

このため、GRUの人間は大使館員として来日すると、すぐに東京都府中市の多磨霊園にあるゾルゲの墓参りをするが、SVRの大使館員は一切しない。だからロシアの外交官らの尾行を続けている外事一課にとって、GRUのメンバーを確認するのは比較的容易なのである。ただし、諜報機関内部の上下関係が大使館での肩書き通りかと言えば、必ずしもそうではない。

冷戦時代、東京・晴海にあった国際貿易センターで行われたソ連見本市の会場で、ソビエト本国から来ていた係員が公使や参事官、一等書記官など在日ソ連大使館の幹部が会場を訪れても全く挨拶をしなかったにもかかわらず、大使の運転手が現れると、直立不動で挨拶したことから、この運転手が課報機関の幹部であることが分ったというエピソードもあるという。日本の警察に課報機関の幹部であると気付かれずに、スパイ活動をしやすくするため、このような細工をしているわけだ。

先述したボガチョンコフは平成一二（2000）年九月七日午後七時一五分ごろ、東京都港区浜松町のレストラン＆バーで会食中、矢崎から自衛隊の資料を渡されたところを捜査員に任意同行を求められている。

午後七時からテーブルをはさんで矢崎とボガチョンコフは日本語で談笑を始めていたが、一五分後、客を装ったり店の外で待機したりしていた数人の外事一課員が一斉に二人を取り囲み、「警視庁まで一緒に来ていただけますか」と低いトーンで話し掛けた。

矢崎は一瞬にして全てを察知し、呆然とした表情。一方、ボガチョンコフは「外交特権があります」と任意同行を拒否して立ち去り、二日後の九日午後零時二八分、成田空港発モスクワ行きのアエロフロート・ロシア航空五八二便で出国してしまった。警視庁は七日以降、外交ルートを通じてボガチョンコフへの事情聴取を要請していたが、外交特権を「盾」に拒否されており、出国によって事情聴取は不可能となってしまったのである。

外交官には「不逮捕特権」と呼ばれる外交特権がある。外交官という表の肩書きで入国したスパイは、逮捕はおろか、実際には事情聴取も不可能であるのが実態なのである。「黒羽」の事件でも、ロシア大使館一等書記官、ウドヴィンの出国を、指を咥《くわ》えて見ているしかなかった。だからできるだけ「泳がせ」ておき、スパイ活動の全容解明を進める捜査手法が採られる。そして容疑が固まればエージェントを逮捕するとともに、スパイを事実上「追い出す」のである。容疑が固まる前にスパイが帰国してしまった場合は、再入国するかどうかを見極め、「再入国はない」と判断すればエージェントを何らかの容疑で立件するというわけだ。

いずれにしても、スパイが作った情報網を断った上で、「お前がスパイなのは分かっているんだぞ」とのメッセージをロシア側に暗に伝え、二度と入国できない状態を作って捜査を終結させるのである。多少、回りくどい印象はあるが、日本に諜報活動を厳しく取り締まるスパイ防止法がないための苦肉の捜査手法と言える。一方で、ある元公安部幹部はこう打ち明けている。

「一〇〇人程度の人員しかいない外事一課がロシアスパイの摘発を続けることができる

のは、経験やノウハウの蓄積ももちろん背景にあるが、日本ではどうしても白人は目立ってしまい、活動が捕捉しやすいという事情もある」

オモテ作業班とウラ作業班

外事一課では、ロシア大使館員やロシア通商代表部員として半ば公然と入国するスパイを担当する「オモテ」と「ウラ」の作業班が最強の精鋭部隊とされている。ソトイチ（外一）はロシア大使館がある場所の旧地名である「狸穴《まみあな》」を、ロシア大使館を示す隠語として使用しているが、大使館員や通商代表部員として活動するスパイを付け回すのが「オモテ」の作業班である。「オモテ」は自分からスパイに声をかけるなど公然と監視したり、相手に分かるように尾行したりして、課報活動に圧力を掛けるのだ。それぞれ「公然視察」と「強制追尾」と呼ばれる。ロシアの外交官に割り当てられた「外79」で始まるナンバープレートの車を執拗に追い回すのである。相手のスパイ活動を骨抜きにすることを防諜（カウンターインテリジェンス）と呼ぶが、防諜には内偵捜査からの摘発だけでなく、こうして公然と妨害することで活動しにくくさせる方法もあるのだ。

一方、「ウラ」の作業班はスパイに顔を知られることなく尾行などの視察を進める。

極めて困難ではあるが、もちろん、可能ならばロシア側に協力者をつくる作業も行う。外交官として来日するスパイの目的はエージェントをリクルート（獲得）することだ。エージェントを作り、エージェントを動かして情報を獲得するスパイはハンドラー（扱う人）と呼ばれ、エージェントを獲得できないスパイは所属機関から落第者の烙印を押されるのである。外事一課では他にもロシアスパイの摘発を担う班が存在する。背乗りの「黒羽」やゾルゲのようなイリーガル機関員を摘発する「イリーガル班」や、東京都福生市にある米軍横田基地などに出入りする人間をマークし、日米同盟の軍事機密を入手しようとするスパイを摘発する「基地班」などである。ただし、「黒羽」事件は米国の情報機関から端緒となるスパイ情報がもたらされてウドヴィンの視察が行われたことから、イリーガル班ではなく、精鋭部隊の作業班が投入されて捜査に当たった。

平成一三（2001）年七月二四日には、横田基地内の宿泊施設にフロント係として勤務していた佐久間洋（仮名）が、平成九年一月と翌一〇年一〇月の二回、宿泊者の米軍関係者に海外から届いた秘密情報のファクス文書二点を、勤務中に無断でコピーし盗んだとして外事一課に窃盗容疑で書類送検されている。こうした捜査を担うのが基地班である。佐久間は軍用機の資料収集が趣味で、書類送検の二年前の平成一一年八月、航空ショーを観覧するためロシアを訪問し、空軍基地の有刺鉄線をくぐって戦闘機を撮影中にロシア当局に身柄拘束された。この際にロシア側に取り込まれたとみられており、ロシア側との再接触はなかったが、「要請があればコピーを渡すつもりだった」と供述したのだ。

イランへの不正輸出

外事一課にはもう一つ、重要な任務がある。ロシア（旧ソ連）など旧東側諸国を中心に、担当エリアの国々に対する戦略物資の不正輸出の取り締まりだ。経済産業省と連携して不正輸出に目を光らせる外事一課の「事件班」にとって、旧東側諸国以外で最大の「敵」は核開発疑惑のあるイランだったのである。

外事一課は平成一四（２００２）年一二月一二日、東京都渋谷区千駄ヶ谷の工学機器メーカー「セイシン企業」の本社や工場など関係先一二か所を急襲。外国為替及び外国貿易法（外為法）違反と関税法違反の疑いで家宅捜索した。平成一一年五月と翌一二年一一月の二回、通商産業大臣（当時）の許可を得ないまま、国際的なガイドラインである「ミサイル関連技術輸出規制」（ＭＴＣＲ）で輸出が禁止されている超微粉砕機「ジェットミル」一台ずつの計二台をイラン国内の民間企業に不正に輸出したという容疑だった。

ジェットミルは様々な物質を細かく粉砕できることから、外事一課はイランでミサイルの推進薬の質を高める機械として転用されたと睨んだのである。推進薬はミサイルに推力を与える燃料で、原料は過塩素酸アンモニウムなど。これをジェットミルで細かく砕いて混ぜ合わせると、ミサイルの飛距離や命中精度を向上させることができるという。

輸出先の企業は大量破壊兵器の開発を行っている疑いが強いとして、外事一課や通商産業省（現経済産業省）がマークしている会社だった。

イランなどへのハイテク機器不正輸出はイランの大量破壊兵器開発に協力するという反国家的な動機というよりも、「販路を拡大させたい」との経営上の動機がほとんどである。「もしかしたら兵器開発に転用されるかも」との思いが頭をかすめても、利益を最優先し、輸出にストップがかかることを避けるため、届け出ないまま売却してしまうのだ。

ジェットミルは国内では医療用などとして一台数千万円で販売されているが、このように専門性の高い機器は飛ぶように売れるというものではない。最先端をいく日本のハイテク企業が海外から狙われるのは、こうした企業側の弱点を突いてのことなのである。

輸出禁止リスト

ＭＴＣＲは、昭和六二（１９８７）年に日米英独仏伊加の七か国で合意した国際的なガイドラインで、大量破壊兵器の拡散を防止するため、核兵器などの運搬手段となるミサイルやその関連用品を「リスト」アップしてその輸出入を制限している。現在は計三四か国がこの取り決めに参加しており、日本はＭＴＣＲに基づき外為法に輸出禁止規定を設けている。規制品目リストは、大型ミサイルそのものなど、輸出を原則禁止する「カテゴリー１」の品目と、医療用など民生用の場合は輸出を認める「カテゴリー２」の品目の二つに分かれる。

冷戦時代は西側諸国が、共産圏への武器流出の制限に重点を置いて軍事輸出の管理体制を構築していた。「対共産圏輸出統制委員会」（ココム）が昭和二四年に米国の提唱で発足。輸出規制品目は武器そのものだけでなく、軍事転用の恐れがある原子力関係貨物や高度な工業製品などの物資も含まれていた。だが冷戦終結でココムはその役割を終え、平成六（１９９４）年に解散している。輸出規制の国際的枠組みは平成八年からの「ポスト・ココム」と呼ばれる「ワッセナー協約」に移行したが、加盟国はロシアや東欧諸国なども含めた四〇か国にのぼっている。このワッセナー協約とMTCRによって、冷戦後の世界の安全保障の柱となる輸出管理体制は、一応の完成をみたのである。

ジェットミルはMTCRの「カテゴリー2」に分類され、輸出するには、経済産業大臣の許可が必要だ。結局、外事一課は平成一五年六月一二日、セイシン企業の社長らを外為法違反容疑で逮捕し、経産省も同日、外為法違反容疑で公安部に刑事告発した。セイシン企業の会長（逮捕当時の社長）は最高裁まで争ったが、平成一八年に有罪が確定している。

日米同盟を背景に、米中央情報局（CIA）など米国の情報機関と連携を密にしている外事一課では、核兵器や生物兵器を開発している疑惑があるとして米政府が名指しで繰り返し非難しているイランを長年にわたって注視。大量破壊兵器の開発に転用可能な物資や技術が日本国内からイランへ不正に輸出されないように監視するとともに、輸出した業者の摘発に力を注いできた。平成三年七月と同一二年一月にもイランに対する軍事物資の不正輸出事件を摘発しており、イラン不正輸出はロシアスパイの摘発に次ぐ、外事一課の重要課題だったのである。

ただし、米同時テロ以降、事情が少し変わっている。犯行がイスラム原理主義テロ組織「アルカーイダ」によるものと分かり、イランを含む中東などのイスラム教国家がテロ対策の重要監視対象となったからである。外事一課には以前、「P班」と呼ばれる国際テロの対策班があった。パレスチナへの帰還を望むユダヤ人とアラブ系のパレスチナ人との間で激しい対立が続くパレスチナ問題で、日本赤軍を巻き込み国際テロが繰り返されたことから、パレスチナ（PALESTINA）の頭文字を取ってP班と呼ばれたものだ。

だが米同時テロを受け、平成一四年一〇月、公安部にP班を母体としてテロ対策を担う外事三課（第7章で詳述）が発足。イラン大使館の視察は外事三課が担当している。米国が「テロ支援国家」と名指しするイランの兵器開発阻止はテロ対策の要の一つとなっており、イランなどイスラム諸国への不正輸出にはテロ組織との関係がないかなど、外事三課も注視しているのである。外事一課は旧ソ連への不正輸出の摘発実績はあるが、冷戦終了後、ロシアへの不正輸出摘発の実績がない。その意味でもソトイチ（外一）にとって、不正輸出を仲介するロシアの産業スパイを含めたロシアスパイ監視の比重は、一層高まってきていると言える。

第6章　外事二課vs北朝鮮工作員

「韓国向け」と偽る

精密機器販売会社「菱光社」が核兵器の開発や製造に転用可能な精密測定機器「テレコンパレーター」を中国向けに不正輸出していたとして、警視庁は平成一一（1999）年二月六日、菱光社の元専務、笹本功（仮名）を外為法違反と関税法違反の容疑で逮捕した。捜査を担当したのは公安部の外事二課、通称「ソトニ（外二）」だった。前述の通り、彼らの監視、捜査対象はパキスタンより東側のアジア諸国。つまり狭義のアジア諸国であり、北朝鮮、中国などが主な対象となる。

笹本は平成八年一二月、前章の「ジェットミル」と同じく輸出に通商産業大臣（現経済産業大臣）の許可が必要なテレコンパレーター一八台を、東京税関には「韓国向け」と偽って輸出申請を行った上で、許可を得ないまま韓国経由で中国に輸出していたのである。売却額は約二億三〇〇〇万円に上ったという。

翌九年三月には、やはり通産相の許可を得ないまま、社員を輸出先の中国・ハルビンの工場に派遣し、機器を据え付けるなどの技術提供も行っていた。外為法では、武器関連物資だけでなく、現地に人を送り機器を設置したり使用方法の訓練を行ったりするサービスを提供することも、「役務の提供」と呼んで禁じている。

笹本はさらに、平成七年一〇月、テレコンパレーター三台を約四〇〇〇万円で無許可のまま香港経由で中国に不正輸出していたという。笹本は平成一〇年六月に会社を定年退職するまで、輸出部門の責任者を務めており、常に販売実績を求められていたことから、不正輸出に手を染めてしまったのである。

不正輸出された「テレコンパレーター」

テレコンパレーターは光学式測定装置で、〇・二マイクロ・メートル（一マイクロ・メートルは一〇〇〇分の一ミリ）以下の微小な計測が可能だ。本来は民生品だが、原子炉の中でウラン燃料が燃焼する際に発生し、核兵器に使用できるプルトニウムの高濃度取り出し装置の製造や開発にも転用可能である。

このため、外為法に基づく通商産業省（現経済産業省）令で輸出規制を定めた「核兵器の開発又は製造に用いられる工作機械」に該当し、世界全域への輸出は全て許可が必要となっている。

また旧通産省令の輸出規定では、米国や韓国などの西側諸国以外に核兵器関連機器を輸出する場合、輸出先企業の所在地や事業内容、資本関係といった詳しいデータの提出が求められ、煩雑な手続きが必要となる。このため笹本は時間のかかる中国向け輸出申請を避け、短期間で営業実績のあがる輸出手段として、経由地を転々と変更させていたのである。

輸出先となった中国・ハルビンの工場は「磁気ヘッドの製造過程で使う」との触れ込みで、販売代理店の一つだった菱光社に商談を持ち掛けてきたのである。笹本らは「納品を急いでくれ」と言われたことから、「すぐに輸出できる手立てを考える必要があった。納品できなければ、別の会社に契約を取られる恐れがあると思った」と供述している。

この事件でもまた、企業側の利益優先の姿勢から、日本の最先端ハイテク技術が厳格な輸出審査を逃れ、海外に流出していたのだった。摘発されるのは氷山の一角とされ、日本の技術が実際に世界各国のハイテク兵器の開発に転用されている恐れはぬぐい去れないのが現状である。

しかもこの事件では、菱光社から四人が書類送検されたほか、「日立製作所」の子会社で、東証一部上場の電気機器メーカー「日立電子」（当時）からも六人が書類送検されているのだ。

テレコンパレーターを製造する日立電子の輸出審査部門は、旧共産圏向けとそれ以外の地域で社内手続きが異なっており、旧共産圏向けの場合は厳しい審査が課せられることから、中国向けと知りつつ、あえて「韓国向け」として緩い審査をパスさせ、菱光社への販売を決めていた。一流企業のモラルが問われた事件でもあったのだ。

そもそも外事二課が捜査に着手したのは、平成九年の秋だった。菱光社は平成八年にも、台湾向けに輸出規制品の精密機器を無許可で輸出しようとして、税関当局の指摘で中止させられていた。旧通産省側からこの情報を得た外事二課は菱光社の内偵捜査に着手したのである。そして菱光社による輸出先を徹底的に洗っていたところ、平成七年や同八年の輸出が最終的に中国向けだった事実をつかんだのだった。

ウラン濃縮に使える装置

外事二課の対象の中で、最重要国が北朝鮮であることの理由は説明不要だろう。

平成一五（2003）年五月八日、外事二課は都内の零細商社「明伸」の事務所に、外為法違反（無許可輸出未遂）の疑いで家宅捜索に入った。核兵器に使われるウランの濃縮装置に転用可能な「直流安定化電源装置」を無許可で北朝鮮に輸出しようとした容疑である。

明伸は約一か月前の四月四日、経産省の許可を得ないまま、直流安定化電源装置三台を神戸港発の貨物船に積み、タイの通信機器メーカーを通じて北朝鮮の商社に輸出しようとしていた。貨物船が香港に立ち寄った際、経産省から通報を受けた香港の警察当局が貨物船内を捜索、問題の装置を発見したことで、不正輸出はすんでのところで未遂に終わったのだった。そして同月二四日、外事二課は、経産省から外為法違反容疑で刑事告発を受け、強制捜査に乗り出したのである。

明伸が輸出先として申請したタイの通信機器メーカーは、北朝鮮で通信事業を行っており、装置は、北朝鮮の商社から「受け取ったら、北朝鮮に送ってほしい」と仲介を依頼されたものだった。明伸は前年の一一月、同じ装置を北朝鮮に直接輸出しようとしたが、経産省から許可申請するよう指導されたため、タイの企業を迂回する手段に出たのである。

直流安定化電源装置は、精密機器などを安定して作動させるために必要な直流電源を作る機器で、ウラン濃縮やミサイル軌道を安定させる装置に転用が可能である。ＭＴＣＲの規制対象ではないが、規制リストの品目以外でも日本企業が大量破壊兵器の開発に転用可能な物品を輸出する際、経産省に許可を求めることを国が義務付けた「キャッチオール規制（全品目輸出管理制度）」の対象なのである。

経産省では平成一四年四月、外為法の輸出貿易管理令より厳しいこの「キャッチオール規制」を導入した。北朝鮮のほか、核やミサイルの開発に関与しているとみられるイスラエルやイランなどの企業や団体を「外国ユーザーリスト」にして、ホームページ上で公開するようにした。明伸の事件を受け、その輸出先も外国ユーザーリストに追加された。

在日朝鮮人が社長を務めていた明伸は、平成二年に設立され、当時は北朝鮮との間で電気機器などの貿易を専門に行っていたが、従業員はわずか三人に過ぎなかった。年商も約一億七〇〇〇万円程度の零細企業だったが、実は平成一二年九月にもウランを遠心分離する際に必要な「周波数変換装置」を北朝鮮に無許可で輸出しようとしていたのである。

当時の通産省が問題を指摘したため、輸出の動きは止まったが、水際で防いだり、摘発されたりする例は、やはり氷山の一角に過ぎないのだ。

濃縮ウランは遠心分離器を使い、天然ウラン成分のうち核分裂する「ウラン235」の割合を高めたもので、筒を使った単純な装置でも、核爆発を起こすことができる危険な物質である。CIAが平成一四年一一月に米国議会に提出した報告書では、北朝鮮は平成一三年にウラン濃縮計画に着手したと記している。

平成二二年一一月には、北朝鮮が自国を訪問中だった米国の核開発専門家、ジークフリード・ヘッカー氏を核施設のある寧辺《ヨンビョン》地区に招き、最新のウラン濃縮施設を見せ、米政権を驚愕させた。

結局、外事二課は平成一五年一一月五日に明伸の社長を書類送検して、捜査を終結させた。未遂に終わっていることから、逮捕を伴う強制捜査ではなく、任意捜査にとどめたが、それまでも、北朝鮮向けの輸出は北朝鮮企業の支店が多い東南アジアを経由しているのではないかとの疑惑が指摘されていた。明伸の捜査でその実態がようやくつまびらかにされたのである。

大量破壊兵器関連物資の不正輸出では、ロシアやイラン向けのものに目を光らせてきた外事一課に対し、アジア地域を担当する外事二課は中国と北朝鮮向けを重点的に監視している。特にミサイル開発や核開発を近年、強力に推進している北朝鮮は、ハイテク国家の日本国内に在日朝鮮人の広大なネットワークを有していることから、物資の供給元として日本に狙いを定めているのだ。

平成八年九月、北朝鮮の武装兵士が小型潜水艦で韓国に上陸した事件では、兵士の使用していた酸素ボンベが日本製だったことも判明しているのである。また北朝鮮のミサイル開発に携わり、平成九年に北朝鮮から中国へ脱出したいわゆる「脱北者」の元技師が平成一五年五月一五日、ワシントンＤＣで記者会見し「部品の九〇％が日本から輸入されていた」とも証言している。

実は前章で扱ったイランへの不正輸出で摘発された「セイシン企業」は平成六年三月、

北朝鮮の貨客船「万景峰《マンギョンボン》」号で、ジェットミルを同国の軍事企業に不正輸出していたが、時効が成立していたために立件されなかった経緯もある。北朝鮮以外への不正輸出は、企業の利益優先主義が背景にあることが多いが、北朝鮮の場合は、在日朝鮮人のネットワークが悪用されている点が大きな特徴である。こうした北朝鮮の武器関連物資の日本依存に加え、平成二一年五月に北朝鮮が二度目の地下核実験を強行したことから、日本は翌六月、北朝鮮への全面輸出禁止を決めている。

拉致事件と工作員

北朝鮮の工作員（スパイ）による日本人拉致事件の捜査にも、外事二課は深く携わっている。五人の日本人拉致被害者の歴史的帰国シーンはいまでも多くの人の記憶に残っていることだろう。五人のうち、地村さん夫妻は昭和五三（1978）年七月、福井県小浜市で拉致され、蓮池さん夫妻は同月、新潟県柏崎市で拉致されていた。

五人の帰国で、拉致事件の捜査は大きく動く。外事二課は福井、新潟の両県警と協力して平成一八（2006）年二月二三日午前、国外移送目的略取の容疑で、北朝鮮工作員の辛光洙《シンガンス》と「チェ・スンチョル」の通称で呼ばれる男の逮捕状を取ったのである。辛光洙は地村さん夫妻を、「チェ」は蓮池さん夫妻を拉致した工作員グループの、それぞれトップだったとみられており、国際刑事警察機構を通じて国際手配されたのだ。

拉致現場の福井、新潟両県警がそれぞれ単独で捜査に当たらなかったのは、これまで述べてきたように、警視庁公安部が公安警察最強且つ最大の実働部隊だからである。捜査を迅速に進めるには、警視庁公安部の「力」が必要だったのだ。辛光洙は拉致後の昭和六〇（１９８５）年二月に韓国へ密入国した直後に逮捕されたが、平成一一（１９９９）年一二月三一日、金大中大統領によるミレニアム恩赦を受け、平成一二（２０００）年九月、北朝鮮に送還されている。一方、拉致事件当時の辛光洙と「チェ」はともに、日本人に成り済まして日本や海外で工作（スパイ）活動を行っていた。いわゆる「背乗り」のスパイ（工作員）である。

この「背乗り」は前章で述べた「黒羽」と同じ手口だ。かつての北朝鮮は旧ソ連の影響下にあったことから、この手法は世界各国に「イリーガル機関員」を送り込んでいるロシアから北朝鮮にもたらされたとみられている。こうして北の工作員の十八番は、日本人を北朝鮮に拉致して、その日本人に成り済ます「背乗り」の手口となったのである。

一方、日本に居住し、北朝鮮の工作員の活動を支援する朝鮮半島系の協力者を、公安警察では「補助工作員」と呼ぶ。旅券や運転免許証の調達、住居の手配などを手がけ、一連の拉致事件では拉致対象者を選んだり、現場に誘い出す手助けなどをしたりしたとされる。北朝鮮在住の身内が事実上の人質となっている「土台人」と呼ばれる在日の朝鮮人や韓国人が協力させられるケースが多いといわれている。その代表的なケースを見てみよう。

「土台人」の働き

「お金を用意したから旅行にでも行きなさい。その後また、私の別荘で会いましょう」

昭和五五（1980）年六月のとある日、大阪の料亭で「社長」はこう言い残して中座した。一〇〇万円を「専務」に手渡したとき、一緒にいた男性はすでにかなり酔っていた。

その少し前のこと。大阪・新御堂筋沿いのフグ料理店の個室で「社長」や「専務」ら四人の男が、てっさ（フグ刺し）に舌鼓を打ちながら密談を進めていた。

「君は社長役、君は常務、私が専務だ。『ヤツ』を新入社員として採用すると誘って、宮崎の海辺の別荘に連れ出す。そのまま工作船に乗せて祖国に送り届けるんだ」。「専務」はこう指示をしたという。「専務」とは辛光洙である。「ヤツ」呼ばわりされた男性は、政府が拉致被害者と認定している大阪・鶴橋の中華料理店「宝海楼」の元店員、原敕晁《ただあき》さんだった。

「社長」も「常務」も北朝鮮に親族がいる土台人。もう一人は宝海楼の経営者で、やはり北に身寄りのある土台人の李高仁（仮名）である。皆、親族を事実上の人質に取られていた。

辛光洙らの一行は大阪から電車を乗り継ぎ、大分・別府経由で宮崎県・青島海岸に到着する。観光ホテルにチェックインし、夕食の際、原さんに盛んに酒を勧めた。そしてかなり酔わせてから、「社長の別荘に行こう」と誘ったのである。

青島海岸の海水浴場では、辛光洙らが原さんの口を塞ぎ、手足を縛ってゴムボートに乗せ、沖で停泊していた北朝鮮の工作船に移した。北朝鮮には四日後の早朝、到着したのである。辛光洙が「原敕晁」に成り代わったのは、この時からだった。

外事二課は平成一八（2006）年三月二三日、原さんが勤めていた宝海楼の経営者、李高仁が犯行を手引きしたとして、国外移送目的略取の容疑で宝海楼の家宅捜索に乗り出した。実に拉致事件発生から二六年を経た強制捜査であった。

昭和六〇（1985）年に韓国への密入国で逮捕された辛光洙に対する韓国当局の取り調べは、拷問を含め厳しいものだったとされる。その過程で辛光洙や李高仁らによる原さん拉致が明るみに出た。だがこれで、捜査がすぐに動くことはなかったのである。

拷問が捜査の壁

拉致発覚から二〇年以上経過してから、公安警察がようやく本格捜査に至った背景には、北朝鮮自らが原さん拉致を認めた事実や、地村保志さんら拉致被害者の証言を得たことで、辛光洙の類似事件への関与が裏付けられたことがある。ただ、大阪府警や宮崎県警に先駆けて韓国当局から原さん拉致の情報を得ていた警視庁は昭和六〇年の段階で既に、一度は捜査に着手し韓国側に辛光洙の取り調べを依頼していた経緯がある。

しかし、その結果は思わしくなかった。日本の検察は当時、韓国当局による間接的取り調べについて「調書の証拠価値は低い」と判断を下している。拷問の可能性が指摘され、任意性に大きな疑問符が付けられていたからだ。日朝首脳会談で北朝鮮が拉致を認める直前の平成一四（2002）年八月、外事二課は原さん拉致の再捜査に着手。昭和五六（1981）年から同五八年にかけて原さん名義の旅券を不正に取得し、出入国を繰り返していた旅券法違反などの容疑で辛光洙の逮捕状を取った。だがその段階でもまだ拉致の「本件」には、切り込めなかったのである。

国外移送目的や結婚目的の拐取（誘拐・略取）罪は公訴時効までの期間がわずか七年に過ぎない。国外にいる辛光洙らは時効が停止しているが、李高仁ら拉致後も日本にとどまっていた在日朝鮮人の補助工作員は既に時効が成立しているとの法解釈があった。

だが小泉純一郎首相（当時）の初訪朝直後の平成一四年一〇月、参院外交防衛委員会で法務省の樋渡利秋刑事局長（当時）は「犯罪が終わっていないと見るのか、（拉致した時点で）既遂なのかは、学説が分かれる」と答弁し、国内にとどまる補助工作員の時効は未成立との法解釈に、法務当局として一定の理解を示したのだ。

平成一二（２０００）年に発覚した新潟の少女監禁事件で、九年前にさらわれそのまま軟禁状態だったことが「継続犯」と認定され、拐取と監禁が一つの罪であるとの判例が出たことも、この法解釈を後押しした。

地村さんらの証言で、拉致被害者が北で監視下にあった生活状況も明らかになり、外事二課は「原さんも軟禁状態にあり、犯行は継続中」と認定。宝海楼の強制捜査に踏み切り、万が一にでも辛光洙が帰国した場合、李高仁を共犯者として立件できる余地を残すことで公判維持が可能になったと判断したのだ。こうして、原さん拉致の「本件」でも国外移送目的略取容疑で辛光洙の逮捕状を取ったのである。

一方、外事二課は「チェ・スンチョル」についても、北海道出身で消息不明の小住健蔵さんに「背乗り」し、日本人を装い工作活動に当たっていたとみて、粘り強く捜査を続けていた。「チェ」は「パク（朴）」とも呼ばれ、昭和四五（1970）年夏ごろ、秋田県の男鹿半島から密入国したとみられている。当初は「松田忠雄」を名乗って東京都足立区西新井に居を構え、都内のゴム工場に就職した。

昭和五四年からは小住さんに成り済まし、「小住」名義のパスポートを不正に取得していたことも分かっている。このため「チェ」による「背乗り」は警視庁公安部の内部で「西新井事件」と呼ばれている。

ピョンヤン放送の暗号

「チェ」は小住さんに成り済まして韓国、香港、旧ソ連に延べ九回も渡航し、経済面での支援者獲得工作に当たっていた。だが昭和五八年、マレーシアのクアラルンプールへ向けて出国したのを最後に、足取りが消える。外事二課は指紋から「チェ」が小住さん本人ではないと断定、昭和六〇年に旅券法違反容疑で、「パク」の名義で逮捕状を取ったのである。「チェ」も「パク」も偽名の可能性があるが、実は偽名でも、写真や指紋など個人が特定できるものがあれば、逮捕状は出るのだ。「パク」や「チェ」を名乗る男は、この容疑でも国際手配されている。

「チェ」が本国から指令を受け取る際、自分を示すコード番号として用いていた「指令電文番号」は、平成一二（2000）年夏ごろまで日本を含む極東地域で西側の情報機関に傍受されていた。指令電文番号は通常、一人の工作員に一つが与えられ、工作員の活動中は終生不変である。各国に潜入中の北の工作員に対し、北朝鮮は以前、三通りの電波による指令伝達手段を使い分けていた。

電波はそれぞれ「A－1」「A－2」「A－3」と呼ばれ、「A」は「AM放送」を意味する。「A－1」と「A－2」はそれぞれ無線機と短波ラジオ放送を使ったモールス信号だ。一方、「A－3」は、短波ラジオを使った音声による乱数暗号放送で、これが傍受されていたのである。

「A－3」放送は主に北朝鮮のラジオ放送局「ピョンヤン放送」の電波を使い、アナウンサーが朝鮮語で五桁の数字をいくつも読み上げる特殊な放送だ。五桁で一文字を意味し、工作員はこれを乱数表で解読して指令を理解していたのである。ただし、平成一二年末に暗号放送は打ち切られた。一方で「チェ」のものとされる電文番号は、警察庁や西側当局の電波傍受施設で「A－3」が廃止される直前の同年の夏ごろまでキャッチされていた。「チェ」はこのころまで、極東地区で活動を続けていた可能性があるのだ。

警察庁の通信施設が傍受したものは、電波の内容が関係するとみられる警視庁公安部や道府県警の警備部へ直ぐに連絡が入るシステムとなっている。通信施設は通称「ヤマ」と呼ばれ、以前は東京都日野市三沢の施設が、こうした外国スパイの通信傍受に当たっていたが、現在は東京都小平市の施設が担っているという。

「ヤマ」という呼称のルーツは一説には、旧陸軍で防諜（スパイ防止）のために電話盗聴や無線の傍受を手がけていた組織「ヤマ機関」だと言われる。ヤマ機関はゾルゲの無線を傍受し、逮捕に貢献した組織である。

北のサイバー戦能力

日本の警察の暗号解析力が向上したこともあり、平成一二年に暗号放送をやめた北朝鮮が新たに指令の伝達方法に選んだものの一つが、電子メールである。北朝鮮では、個人の電話さえも十分に発達していない。国民が海外の事情に触れることを極端に恐れているためだ。だが実はサイバー（電脳）戦やハッキングの能力にかけては、先進国にひけを取らないのである。

ピョンヤン市内には北朝鮮が「国の知識産業基地」「最先端科学技術の大殿堂」などと自負する「朝鮮コンピューターセンター」（ＫＣＣ）がある。ソフトウエア開発や、海外のＩＴ（情報技術）関連の技術情報を収集している拠点だ。米国防総省は平成一三年、北朝鮮のハッキング能力が「ＣＩＡの水準に到達した」と分析している。サイバー戦に備えて北朝鮮は昭和六一（１９８６）年、五年制の「軍指揮自動化大学」を創設し、年間一〇〇人のコンピューター専門将校の養成を始めていた。「ウインドウズ95」が発売される一〇年近くも前であり、ある意味でものすごい先見の明である。

北の工作員は土台人が経営するインターネットカフェや漫画喫茶などを利用し、暗号を駆使して北朝鮮本国と情報をやりとりしているとみられている。自身のパソコンでは、データを消去しても家宅捜索で押収され、データを修復されてしまう危険性があるからだ。店側と協力して通信の痕跡も残さないのである。在日の土台人ネットワークがあればこその手口とも言える。このため公安警察では東京・JR新大久保駅近くなどのコリアンタウンにある二四時間営業のインターネットカフェなどをマークしているという。

中国スパイは「真空掃除機」

ここまで紹介してきたように、ソトニ（外二）は不正輸出については北朝鮮、中国ともに摘発例があるが、北朝鮮に比して、中国人スパイの摘発はあまり成功例がないのが実情である。もちろん、それには理由がある。

空母を持たない中国は、潜水艦が海軍の主力だ（平成二三〈2011〉年七月、旧ソ連製空母を改造し、訓練用として中国が初めて空母を運用することを新華社通信が報じた）。潜水艦の調達はロシアからの購入に依存し、独自技術は立ち遅れているといわれる。潜水艦は「機密の固まり」（防衛省関係者）で「中国にとって、のどから手が出るほど欲しい情報」とされる。

外事二課OBによると、中国の情報収集活動は、商社マンや研究者ら多くの民間の在日中国人を介在させるのが特徴だ。具体的な資料は求めず、得られる情報は広範囲に全て掻き集めることから「真空掃除機」とも呼ばれる。他国に比べ、より巧妙とされ、

「スパイ（工作員）が直接情報源に接触して一気に情報を入手しようとするケースが多い北朝鮮やロシアの活動とは対照的」というのが定説である。

過去のスパイ事件でも、日本で情報機関員が直接摘発されたことはないのである。また警戒心が緩むよう、女性を使う工作はスパイ用語で「ハニートラップ（蜂蜜の罠）」と呼ばれ、中国も好む古典的な手口だ。しかし、この手法は中国国内では多用されているものの、日本国内では摘発例がない。

スパイ（工作員又は諜報員）や、スパイから国を守る防諜員の情報収集方法には、「人間情報」（ヒューミント＝ヒューマン・インテリジェンス）や「通信情報」（シギント＝シグナル・インテリジェンス）、「公開情報」（オシント＝オープン・ソース・インテリジェンス）などがある。ヒューミントはまさに相手の人間を籠絡して協力者や情報提供者にすることである。シギントは古典的な電波などの傍受である。かつて「A－3」放送を傍受していたのも、しかりだ。

オシントとは、要するに外国について報じている国内のニュースを集めたり、外国語の新聞や本を訳したりして、情報を収集した上で分析を加えるものだ。実は外事二課では、ミャンマーの民主化指導者、アウンサン・スーチー女史の活動を支持する反軍事政権運動などのミャンマー情勢を分析し、運動が日本国内のミャンマー人にどんな影響を与えるかなど、東南アジアの情報を「オシント」で分析する担当者もいるのだ。ソトニ（外二）では、北朝鮮や中国には人員を割いてスパイ（工作員）の視察と事件捜査を行う一方、この担当者は、その他の管轄諸国の情勢を机上で分析し、地味に報告書にまとめているのだ。ただし、この分析が何の役に立っているのかは不明である。

いずれにしても、中国が日本を抜き世界第二の経済大国になった以上、中国の産業スパイ摘発は公安警察の重大な責務となっている。警視庁外事二課にとって、中国スパイの摘発は、今後の大きな課題なのだ。

第7章　外事三課vsアルカーイダ

穏やかな青年の素顔

「人望もあっていい青年だった。警察の人は『アルカーイダだ』と言っていたけど、今でも信じられない」。「警察」が「アルカーイダだ」と断言したという青年は、都内の塗装会社に勤めていた。警視庁の捜査員から青年の素性を聞かされた七二歳の塗装会社社長は、困惑した表情でつぶやくように、こう振り返った。

平成一四（2002）年五月二九日、警視庁は出入国管理及び難民認定法違反（不法滞在）の容疑でパキスタン国籍のモハンマド・アブー（仮名）を逮捕し、東京都荒川区東尾久のアブー宅を家宅捜索したのである。捜査は地元の尾久警察署に「アルカーイダの軍事キャンプでテロ訓練を受けたパキスタン人の男が、荒川区内に潜伏している」との情報が寄せられたことが端緒だった。

情報はすぐさま警視庁本庁の公安部に伝えられ、アブーの視察（監視）が始められたのである。しかし、アブーの日常は公安部や尾久警察署の捜査員らが拍子抜けするほど穏やかで、下町での暮らしぶりはひっそりとしたものだった。

アルカーイダとは、言うまでもなく平成一三年九月一一日、米同時テロを起こしたウサマ・ビンラディン（平成二三年五月に米軍により殺害）が創設したイスラム過激派テロ組織である。アルカーイダの軍事キャンプは、アフガニスタンのクンドゥスやジャララバードなどに点在。米同時テロ後の米英軍による空爆で一時壊滅状態となったが、空爆前はアルカーイダの軍事部門のメンバーに加え、フィリピン南部のミンダナオ島周辺を拠点とするイスラム原理主義テロ組織「アブ・サヤフ」やイエメンの武装組織「アデン・イスラム軍」、チェチェンで独立運動を続けるイスラム武装勢力のメンバーら約二万人が訓練を受けたと言われているテロリスト養成施設である。

世界中を震撼させた米同時テロは、各国に散っていた軍事訓練経験者たちが、直接の接触は避けながら遠隔地から指示を受けてハイジャックに臨んだ末の惨事だった。警察幹部は「アルカーイダの訓練を受けたテロリスト予備軍は、まだ世界各国に大勢潜伏している。アルカーイダのテロは何年もかけて行われるため、潜伏した連中は決行の日まで、目立たないように生活している」と指摘している。アブーの私生活は、まさにこれにぴったりと一致していたのだ。

警視庁は短期間の尾行、視察の結果、アブーの「企み」を解明するには強制捜査以外に手段はないと判断し、逮捕に踏み切った。同時に行った家宅捜索ではウサマ・ビンラディンの写真や、テロを「聖戦（ジハード）」として正当化する内容の文書、本人名義ではない携帯電話を発見し、押収した。

携帯電話からは米国への発信記録が複数回に渡って残されており、警視庁は米国当局に照会するとともに、アブーを厳しく追及したのである。だがアブーはアルカーイダとの関係を頑なに否定したのだった。

日本の法律では不法滞在者は起訴後、裁判で執行猶予付きの有罪判決を受けると本国に強制送還されてしまう。アブーは逮捕後の勾留期限が満期となる六月に起訴され、東京地裁で八月一六日に、懲役二年、執行猶予五年の有罪判決を受けて、同月三〇日に強制送還された。

だがその後、米国当局からもたらされた照会結果に、警視庁は衝撃を受けることとなった。

判明した通話先

アブーが使用していた携帯電話から複数回の発信履歴があった先は、米・カリフォルニア州内のオフィスと判明した。衝撃的だったのは、このオフィスからは過去複数回、イスラム原理主義テロ組織「ジェマ・イスラミア（JI）」のインドネシア・ジャカルタ事務所や、アルカーイダのナンバー3のアブ・ズベイダと通話があったことだった。

JIは東南アジアに拠点を置き、平成一四年一〇月のバリ島爆弾テロへの関与が明らかになっている。インドネシアを中心に、マレーシアから南部フィリピンに及ぶイスラム国家樹立を目指しており、一九九〇年代初頭から活動が活発化。アフガニスタンでの対ソ連戦争に義勇兵として参加したメンバーが、アルカーイダとの協力関係を構築したとされ、「アルカーイダの汎東南アジア組織」との指摘もあるテロリスト集団である。

一方のズベイダは、平成一四年三月にパキスタンで米国当局に身柄を拘束されるまで、ナンバー3としてアルカーイダを牽引していた大幹部である。ナンバー3の座を引き継いだのが、平成五年の世界貿易センタービル爆破事件やバリ島爆弾テロに関与し、米同時テロを起案したとされるハリド・シェイク・モハメドである。ちなみにCIAや外事三課ではハリド・シェイク・モハメドを、ミドルネームなどそれぞれの頭文字をとって「ＫＳＭ」と呼ぶ。ＫＳＭは平成一五年三月、米国当局に身柄を拘束されている。

米国当局からもたらされた照会結果を受け、警視庁はアブーの日本滞在中の交友関係を洗い直した。そしてアブーと電話で頻繁に連絡を取るなど関係が深かったパキスタン出身の男ら七人を平成一五年三月から六月にかけて、入管法違反（不法滞在）や車庫法違反（車庫飛ばし）の容疑で逮捕し、関係先の捜索を徹底的に行ったのである。

アブーの電話内容は結局不明のままだが、その人脈を丸裸にし、アルカーイダの日本国内でのネットワークの一端を明らかにした功績は公安警察内部で高く評価された。尾久警察署と公安部の外事三課は、公表されてはいないが警察庁警備局長賞を受賞したのである。公安警察の捜査員にとって、警備局長賞は大変名誉なことだ。局長賞は警察庁長官賞に準じるものである上、密かに中央集権的な国家警察システムを残す公安警察のトップによる直接の表彰だからである。

来日テロリストの目的

外事三課は平成一三年の米同時テロ以降、イスラム原理主義組織によるテロの危険性が世界的に高まったことで、翌年の一〇月に発足した国際テロ専門の捜査部門である。もちろん、公安部のなかで最も新しい課であり、国際テロ専門の独立した課の設置は、全国の警察で初めてだった。

先述したように母体となったのは、日本赤軍と協力関係にあったパレスチナのテロ組織の日本浸透に睨みをきかせ、中東情勢の分析に当たっていた外事一課の「国際テロ班」、通称「P班」(パレスチナ班)である。尾久警察署がアブーの強制捜査に乗り出した平成一四年五月の段階では、まだ外事一課の旧「P班」が尾久警察署と共に捜査に当たっていた。

だが、米国当局からアブーの電話先について驚愕の照会結果がもたらされたことで、発足して間もない外事三課が本格的に投入され、数か月間に渡り、アブーの人脈解明に当たったのである。

外事三課は国内外で活動する国際テロ組織のメンバーを捜査対象とする。日本に潜伏する国際テロリストを見つけ出して事件を未然に防ぎ、国内で起きた国際テロ組織による事件の捜査に当たる。また、海外で日本人が狙われたテロの捜査についても被害者が東京在住だったり、警察庁から指示があったりした場合は担当することになる。

平成一五（２００３）年一一月にイラクで奥克彦さんら日本人外交官二人が射殺されたテロ事件では、司法解剖や銃撃された大使館の車の検証作業などの捜査を警察庁からの指示で外事三課が担っている。ただ、外事三課にとって最も重要な捜査対象は、なんと言ってもイスラム原理主義テロ組織である。パレスチナやアイルランド、南米などでかつてテロを繰り返していたテロリストたちは今や活動が沈静化しており、日本での活動も実質的にはないため、世界各地で過激なムスリム（イスラム教徒）が引き起こす自爆テロなどの凶悪なテロ行為が、日本にとっても最大の脅威となっているからだ。もちろん、イスラムと関係がなくても日本で国際テロ組織が事件を起こせば、外事三課が担当する。

今や忘れられがちだが、平成一五年一〇月にカタールの衛星テレビ局アルジャジーラで公開されたウサマ・ビンラディンの肉声は、米国の同盟国である日本をテロの標的として初めて名指しした。この「テロ予告」以降、日本の警察にとって国内で地下に広がっている可能性のあるアルカーイダのネットワークの全容解明は極めて重大な任務となっているのである。また、ビンラディンは米軍によって殺害されたことで、イスラム過激派テロリストたちにとって「殉教者」となった。このことで、世界各地の米国人や米国施設は報復の危険にさらされており、日本国内も例外ではない。

外事三課発足以降、サウジアラビアやイラン、エジプト、アルジェリア、パキスタン、インドネシアなどイスラム諸国会議機構（ＯＩＣ）に加盟する五六か国一地域の出身者が「テロとの関係の有無」について重要な視察の対象だった。だがＯＩＣ以外の国でもフィリピンやインドなどイスラム教徒の多い国があることから、最近はこうした国のイスラム教徒についても危険性の有無を注視しているのである。

実は米同時テロ以前から、アルカーイダの関係者は複数、来日していたことが確認されている。武器調達担当幹部とされるモハメド・ハリド・サリムは平成七年に来日し、東京・秋葉原で日本製無線機約一〇〇〇台を購入している。

この無線機の一部が、同年六月のムバラク・エジプト大統領（当時）暗殺未遂事件の犯行グループのアジトから発見されたことから、「先進国の中で最もハイテク機器の管理が甘い日本が、テロリストによるハイテク技術入手の草刈り場となっている」「結果的にテロに手を貸しているのと同じだ」などと西側諸国から批判された。

サリムは平成一〇年八月のケニアとタンザニアの米大使館爆破事件の黒幕だ。同年、ドイツで現地当局に逮捕され、米国に身柄を引き渡されている。またハリド・シェイク・モハメド（KSM）も来日経験がある。KSMはアルカーイダが創設された昭和六三（1988）年より前の昭和六二年七月に来日。約三か月間滞在し、静岡県内の建設機械メーカーで削岩機の技術研修を受けていたのだ。

リオネル・デュモンも潜入

さて、七〇人規模で発足した外事三課の人員を、一気に三桁へ引き上げる契機をつくった人物がいる。フランス国籍のリオネル・デュモン――アルカーイダ系のテロ組織「ルーベ団」幹部である。

このデュモンが日本に九か月間以上に渡って潜伏していたことが平成一六（2004）年五月に発覚した。周囲には寡黙で仕事熱心に映っていたフランス人が、実は「アルマンド」や「サミール」などの偽名を使い分ける凶悪な国際テロリストだったのである。

デュモンは平成一一年五月、旧東欧のボスニア・ヘルツェゴビナ最大の都市サラエボの刑務所から脱走し、平成一五年一二月にドイツ・ミュンヘンで逮捕されるまで、四年余りも不気味な沈黙を続けていた。

当初判明したデュモンの約三〇〇日間に及ぶ国内潜伏の足取りは、こうだ。最初の入

ボスニア警察が発行した指名手配書、左写真がリオネル・デュモン容疑者

国が確認されたのは平成一四年七月一七日、シンガポールから偽造旅券で成田空港に到着した。その後、三か月間の短期滞在ビザが切れる直前の一〇月五日、マレーシア・クアラルンプールに向けて出国。さらに同月中にクアラルンプールから再来日すると、約二か月後の同年一二月、ドイツ・フランクフルトに出国している。

翌一五年三月には三度目の来日を果たしたが、同年五月二八日には、再びクアラルンプールに向かった。そして同年七月から約二か月間、日本に滞在し、同年九月にクアラルンプールへ出国。その後、ドイツに渡っている。いずれも、短期滞在ビザの期限内に出国していた。

国内潜伏中は、新潟市内のマンションで生活しながら、新潟東港近くの中古車販売業者に出入りし、海外に輸出する中古車を運ぶ仕事をしていた。一時は群馬県高崎市にも居住。中古車販売に関連して、長野県や埼玉県にも足を運んでいたほか、群馬県伊勢崎市内のイスラム系寺院（モスク）にも顔を出していたことが確認されている。

もちろん、これらは彼がミュンヘンで逮捕された後に判明した事実であり、日本滞在中は、公安警察はまったく把握できていない。

デュモンはフランス北部ルーベで九人兄弟の末っ子として生まれた。一家はカトリック信徒だった。平成五年に徴兵され、ソマリアで人道支援活動に従事した。その体験をきっかけに、不幸な人々を助ける必要を説くようになり、地元のモスクにも通い始めてイスラム教へと改宗したのだった。

平成六年には内戦下のボスニア・ヘルツェゴビナで武装闘争に加わり、翌年、ボスニアで知り合ったフランス人の仲間と「ルーベ団」を結成したのである。

現金輸送車などの襲撃を繰り返し、市民らを死傷させた。平成八年にはフランスのリヨン・サミット前の雇用関係閣僚会議に合わせて爆弾テロ未遂事件を起こし、その後、再びボスニアに潜入し、平成九年三月に警察官を殺害した容疑で逮捕され、懲役二〇年の判決を受けていた。しかし、二年後には脱獄に成功し、世界を股にかけて活動をしていたことになる。

狙われたサッカーW杯

脱獄後はリヨン・サミット前の爆弾テロ未遂容疑で国際手配され、日本に潜伏していたほか、国際手配容疑でミュンヘンで逮捕されてフランスに移送される直前には、アルカーイダが関与したモロッコ最大の都市カサブランカで起きた爆弾テロ（平成一五年五月）の犯行グループ関係者をかくまっていたとされる。本格的なテロリストの国内潜伏判明に、日本の公安警察は国際テロ対策の人員増を迫られ、唯一の専門部隊である外事三課が一気に増員されたのである。

自分たちのまったく知らぬところで大物テロリストが国内を自由に闊歩していたことに驚かされた外事三課を中核とする公安警察だったが、実は彼らは、デュモンにはもう一度驚かされることとなる。

伏線となるのが、ハリド・シェイク・モハメド（ＫＳＭ）に関する米国からの情報だった。ＫＳＭは、米国当局の尋問に「サッカーワールドカップを狙って日本でテロを計画していた」と供述したというのだ。

サッカーのＦＩＦＡワールドカップ（Ｗ杯）日韓大会は平成一四年五月三一日から六月三〇日までの日程で行われた。だがＫＳＭは「日本にはイスラム教徒が少なく、支援体制（インフラ）の構築が困難だったため断念した」と説明したというのだ。日本国内のイスラム教徒は当時約二一万人とされており、米国内のイスラム教徒数約六〇〇万人と比べても極めて少なかった事実とも符合する。

そもそも米同時テロの際もＫＳＭやビンラディンは日本を標的の一つに考えていたことが、やはりＫＳＭの供述で分かっている。供述によれば、アルカーイダは平成八年の段階で、ミサイルの代わりに航空機を使用する対米テロを既に考案。同一一年には計画を具体化させ、航空機一〇機を乗っ取り米国内の一〇施設を同時に襲う案を練っていたという。

同年、ビンラディンはＫＳＭに自爆テロ要員として四人のテロリスト予備軍を斡旋し、テロの訓練が開始される。だが計画は次第に肥大化し、新たにアジア地区の空港を発つ航空機でも同時にテロを行うことを計画したのである。

それは、アジア上空で米国資本などの航空機を爆発させることを第一案とし、代替案として日本、シンガポール、韓国のいずれかにある米国施設に航空機で突っ込むというテロ計画だった。

だが平成一二年の段階でビンラディンが時差を理由に「米国とアジアで同時に行うのは難しすぎる」としてアジア計画を断念し、改めて米国内の攻撃だけに絞った経緯があるのだ。外事三課によるデュモンの脱獄中の足取りを追うその後の捜査で、デュモンが脱獄した平成一一年の当初から、既にタイ・バンコクや韓国・ソウルを経て日本への出入国を繰り返していたことが新たに明らかになった。

このため外事三課はデュモンの入国には、日本でのテロを前提にした「明確な意図があったのでは」との強い疑念を抱き、再び驚愕したのである。

すっきりしない米極秘情報

CIAなど米国当局と情報交換している日本の公安警察には、KSMの供述のような極秘の情報も時折米国側から寄せられる。平成一三（2001）年末には、アルカーイダが新幹線を狙ったテロを計画していた可能性を示唆する情報を、米国当局が日本側に提供したこともあった。ただし、提供された資料は、新幹線の写真二枚のコピーと英語の簡単な説明書きだけだった。

新幹線を標的にしたテロが計画されていた疑惑があることの根拠として、米国当局は、ドイツ・ハンブルクのアルカーイダ関連先の家宅捜索でこの写真が発見されたという事実を挙げた。写真には、東海道新幹線の小田原駅に入ってきたところを反対側ホームから撮影した「０（ゼロ）系」と呼ばれる形式の新幹線が、正面と側面から写っていた。

前述したようにアルカーイダは平成一〇年八月、ケニアとタンザニアの米大使館爆破事件を起こしている。この事件では二六二人を殺害し、約四五〇〇人を負傷させている。米国当局は事件に関与したとしてアルカーイダ関係者一三人を国際手配したが、新幹線の写真は平成一三年末に情報提供が行われる少し前に、この国際手配中のテロリストらのアジトを米国当局とドイツの捜査当局が合同で急襲し、家宅捜索した際に押収したパソコンのファイル内に残されていたものだった。

ただ、写真があったのは事実としても、そこから米国側が導いた「新幹線テロ」という分析には疑問も残る。０系は、東海道新幹線開通の昭和三九（１９６４）年に導入された日本最初の新幹線車両で、平成一一（１９９９）年九月に東海道新幹線からは既に姿を消していた。山陽新幹線では運行が続けられていたが、平成二〇年には営業運転を完全に終えている。新幹線の画像データにはアラビア語で簡単な説明が書かれていたというが、テロを臭わせる記述はなかったとされる。

米国当局から提供される情報は一方通行で、頭ごなしのものが多い。特にこの新幹線は、前後にどんなデータがあったのかといった肝心な説明がないのだ。世界中の鉄道写真とともに保管されていたとすれば、テロ・ターゲットの資料とは言い難く、むしろ鉄道マニアのコレクションだった可能性が高い。

写っていた車両の細部を分析した結果、昭和六〇（１９８５）年から平成元（１９８９）年までの間に使用されていた車両だったことも判明しており、自らがテロの下見で撮影したというよりも、誰かが以前撮影したものを何らかの方法で入手した可能性が高い。そう考えると、米同時テロの直後で当時「テロとの戦い」に邁進していた米国側が、日本側の尻を叩く意図があって情報を流したと考える方が自然である。

ただ、米国当局によるマッチポンプだと思っても、国外での情報網を持たない日本には、公安警察最強の警視庁公安部ですら米国情報を検証する術がない。米国情報を「丸飲み」して振り回されるしかないのが実情なのである。

イスラム教と管理者対策

外事三課ではイスラム教関係の用語がよく使われる。外事三課の捜査員らが言うところの「イスラム・コミュニティー」はイスラム教徒が集まる所といった意味である。具体的には、モスクやムスリムの団体、中古車販売会社などの企業、イスラム系の料理店などである。豚肉が食べられないことで知られるイスラム教徒の食事「ハラルフード」の「ハラル」は、アラビア語で「許された」という意味だ。イスラム教の戒律で許された食べ物を提供する飲食店は、外事三課の重要な視察対象なのである。「パルトーク」はインターネットを使った「チャットルーム」で、閉鎖性が高くイスラム教徒が激しく米国を批判したり、聖戦を呼びかけたりするのに好んで利用していることから、外事三課が強い関心を示しているものである。

一方、「管理者対策」という用語が、公安警察内部ではよく使われる。これは何かを「管理」している業者を捜査協力者にしたり、報告を義務づけたりして、情報のアンテナを張り巡らせる捜査手法を意味する。

例えば不正輸出に睨みをきかせるためには、ハイテク機器販売業者は大切な「管理者」に当たる。外事二課でも外事三課でも、インターネットカフェの経営者はいまや重要な「管理者」だ。レンタカー業者やホテル、航空機免許の学校も大事な「管理者」に当たる。ホテルの経営者を捜査協力者にできれば、ホテルの宿泊者を調べる「ホテル作業」はスムーズに行えるというわけだ。

外事三課が特に重視している管理者対策が、爆薬の製造に転用できる薬品や火薬、肥料などを扱う業者（化学剤取扱業者）である。薬品販売会社などの業者を「味方」にしたり、業者に薬品管理の状況報告を定期的に求めたり、利益のためならテロリストにも横流ししそうな疑わしい業者を視察（監視）したりして、爆弾が製造される前に摘発してテロを未然に防ごうという試みだ。外事三課は爆弾関連物質の「管理者対策」を最重要視しているのである。

海外口座を洗う

テロ組織のカネの流れを監視することも重要な仕事である。

『イラン人の海外不正送金先　核開発関連口座も　海外捜査機関が回答』。平成一五（2003）年二月二一日、新聞各紙の夕刊にこういった見出しの記事が並んだ。外事三課は前年の一一月一五日、総額約三億九八〇〇万円相当の米ドルを海外に不正送金していたとして、有印私文書偽造などの容疑で横浜市鶴見区のイスラム食料品店経営、アリ・ハッサン（仮名）らイラン人二人を逮捕していた。

送金先はアラブ首長国連邦やウクライナ、スイス、ベルギー、中国、台湾、米国など計一七か国・地域に上っていたことから、外事三課は国際刑事警察機構を通じて送金先の口座を照会したところ、各国の捜査当局から回答を得た。その結果、欧州、中東、アジアの五つの口座が核兵器やミサイル開発に関連する個人や企業の口座だったことが分かったのである。

これらの口座に対する一回当たりの送金額は数百万円から数千万円で、各口座はそれぞれ西側各国の捜査機関が大量破壊兵器の開発と関連がある口座としてリストアップしていたものだった。ハッサンら二人は日本在住のイラン人やアフガニスタン人、コロンビア人ら顧客約一四〇人から、他人名義で開設した二つの郵便貯金口座に計約八億三〇〇〇万円の入金を受けていた。このうち約三億九八〇〇万円を、平成一二年一月から翌年一一月にかけて東京都渋谷区恵比寿西の都市銀行支店で「車の販売代金」と偽り、フランス人名義で一一六回に分けて不正送金していたのである。

ハッサンらは顧客から依頼を受けて送金業務を代行していた。依頼人のうち数人は、過去に大麻や覚醒剤などの薬物事件で警察に逮捕されたことのある人物と同名だったことから、薬物密売の収益がマネーロンダリング（資金洗浄）されて兵器開発資金に流用された可能性があった。資金の行き先の捜査は各国に委ね、外事三課は送金依頼をした人間たちの足取りを追ったが、ハッサンらの逮捕を機に、多くが既に出国するなど行方をくらませていたのである。主婦や学生が軽い気持ちで手を出すことが社会問題となっている薬物だが、日本のドラッグ・マネーが、イラン人密売人を通じてテロや大量破壊兵器開発の原資になっている可能性があるのだ。

近年、公安警察にとって国内に潜伏する国際テロリストを見つけ出し、アジトを解明する作業は、最重要課題に位置づけられているが、捜査は度々、国境の壁に阻まれている。各国捜査当局との一層の連携強化が求められている。

公安四課の仕事

ここで公安四課についても触れておきたい。公安四課は、これまで述べてきた課とは異なり、公安部内の他の課が視察対象としている団体のメンバーの身上や写真など、資料を集めて整理しファイリングして保管する後方支援的なセクションである。また、共産党や極左暴力集団（過激派）の機関紙などの資料もファイリングして保管している。

特にテロや暴動など国家を転覆させかねない破壊活動を行った組織を強制的に解散させることができる破壊活動防止法（破防法）を、日本共産党に適用することになった場合に、証拠として提出する共産党員やシンパの人間についての個人資料や写真を管理し、公総を後方から支援してきたのが公安四課である。ただし、現在の共産党に破防法を適用しなければならなくなるような兆候は全くない。

一方、公安四課には「アパート対策」、略して「アパ対」という任務も与えられている。各警察署の警備課に指示し、地域課の協力も得ながら、アパートやマンションをシラミ潰しで調べる「アパート・ローラー作戦」を行わせ、極左暴力集団やイスラム過激派などのアジトがないかを探させるのである。

つまり、公安部に「地域警察」の情報網を取り込む重要な仕事が公安四課には課されているのだ。公安警察は制服警察官のネットワークも完全に組み込んで、情報収集の体制を構築しているのである。公安捜査員だけに頼らないこうしたシステムが、公安警察の力の源泉にもなっているのだ。アパ対推進のため、警察署の警備課には「アパート連絡」という担当も置かれている。

また「特別実態把握」、略して「特実」も公安四課の重要な仕事である。例えば国賓が来日した際の警備では、屋内警備は公安部の仕事で、オープンスペース（屋外）の警備は警備部という棲み分けになっているため、国賓の移動経路や式典会場周辺などを管轄する警察署の警備課に指示し、やはり地域課などにも協力させながら、雑居ビルやマンションの中をチェックするのが、特実である。

特に迫撃弾の発射装置が設置可能な建物については、シラミ潰しでチェックし、迫撃弾の有無を確認させる。なぜ迫撃弾なのかは第2章で述べた通り、迎賓館が狙われた事件の教訓からである。特実はアパ対と同様に、出先の警察署員を駆使した捜査手法であり、公安四課はその旗振り役なのだ。

第8章　事件現場に臨む公安機動捜査隊

警察内でも隠密行動

「発足当時、隊の所在地は警視庁内部でも秘匿されていて、預金口座のある警視庁職員信用組合からのお知らせなど自分宛ての郵便物も届かず、とにかく不便だった」。警視庁公安部の公安機動捜査隊、通称「公機捜」の元幹部は苦笑しながらこう振り返った。

爆弾テロやゲリラ事件で現場に一番乗りするのが公機捜である。昭和天皇の崩御などを受け、過激派（極左暴力集団）のゲリラが盛んだった平成元（1989）年一〇月に設置されたものの、当初は過激派の標的にされないよう「隠密行動」をとっていたのだ。

隊本部の看板は警視庁本部に置きながらも、実働部隊は東京・大森の消防署跡地などに二四時間常駐して事件に備えていたのである。ゲリラ事件発生の一報で出動する緊急車両も「出撃場所」を極左暴力集団に悟られぬように、数百メートル離れてからサイレンを鳴らすことになっていたという。

ゲリラ事件が下火になる中、公機捜は本部も実働部隊の拠点も一括して渋谷警察署内に置かれるようになったが、現在は平成一八年三月まで東京都教育庁の教員研修施設だった東京・目黒の建物に入っている。今は特に秘匿されてはいない。公機捜の仕事は、その名前から、いち早く現場に到着して聞き込みを行い、目撃者を確保するなどの初動捜査を行う刑事部の機動捜査隊を連想する。

だが実際には、ゲリラ事件発生直後の聞き込み捜査に当たるだけでなく、時限発火装置や爆薬の分析など公安事件特有の特殊鑑識活動にも従事する部隊だ。公機捜は元々、爆弾闘争が激化し始めた昭和四〇年代半ば、爆発物や火炎瓶を専門に採取するセクションとして公安総務課内に設置された特殊班が前身である。その後、公安総務課の「六担」（第六担当）と名前を変え、平成元年、デモのビデオ撮影を担当していた公安総務課内の公安特科隊と合流して公総から独立、新規発足したのだ。

判断を誤った事件

「捜査の立ち上がりでつまずいたことが、『あの事件』が解決出来なかった原因の一つ。

ゲリラ事件の捜査は過激派のアジト解明も大切だが、発生したての『ほやほや』の現場での十分な聞き込みや鑑識活動も重要であることは一般の刑事事件と同じだ」

公機捜の元幹部は、こう語る。「あの事件」とは、平成三（1991）年に起きた放火事件を指している。

同年九月四日午前五時ごろ、東京都大田区南久が原の元千葉工業大学教授で無職、堤厚さん（当時八二歳）方の台所付近から出火し、木造二階建て住宅約一五〇平方メートルのうち、平屋部分約四〇平方メートルが焼けた。この火事で厚さんと妻のまさ江さん（同八一歳）が逃げ遅れ、それぞれ全身に大やけどを負って重症となり、厚さんは同月二七日午後七時七分、やけどによる多臓器不全のため入院先の都立広尾病院で死亡したのだ。

実はこれは中核派によるゲリラ事件だった。だが事件直後、地元の池上警察署は判断を誤り、通常の火事として処理してしまう。

その過ちを修正したのは、犯人グループの方だった。天皇・皇后両陛下の東南アジア訪問に反対していた中核派が、火災二日後の六日になってマスコミに犯行声明を送りつけてきたのである。彼らの狙いは、同じ敷地の別棟に住んでいた長男の外務省大臣官房審議官（当時）だった。火災は中核派が建物を間違って時限発火装置を仕掛けた「誤爆」だったのである。

ここに至ってようやく公機捜に出動命令が下され、現場から焼け焦げた時限式発火装置の一部が発見された。しかし、もちろん、初期の聞き込みなどは行われていない。公安部OBは「もっと早く公機捜が現場を見ていれば、何か手掛かりをつかめていたかも」と振り返る。平成一八年九月、事件は時効を迎えている。

隊員を翻弄した白い粉

「異臭とか爆発とか、少しでもテロの雰囲気があれば全て出動する。役割は広がっているが、こうした事案に対応できるのは全国でも警視庁の公機捜だけだ」。元公機捜幹部はこう胸を張る。ゲリラ事件の減少に伴い、公機捜では鑑識活動のウエートが高まっているのだ。

ゲリラ事件が下火となる一方、平成七（1995）年の地下鉄サリン事件以降、核（N＝NUCLEAR）、生物（B＝BIOLOGICAL）、化学（C＝CHEMICAL）の各兵器によるテロ対策は警察の重要課題となり、公機捜に求められる役割も大きく変化したからである。平成一二年四月には、大学で理化学系を専攻した隊員ら十数人を集めた「ＮＢＣテロ捜査隊」が公機捜内に新設され、ＮＢＣテロの鑑識活動が本格的に隊の任務に加わった。

さらに警視庁の元首脳が「国際テロの脅威が高まる中で、極めて重要なセクションとなった」と語るように、米同時テロ以降、公機捜の存在は重みを一層増しているのだ。ある公安部ＯＢも「公機捜は常に『テロとの戦い』の最前線で、過激派などと対峙してきた。まさにテロ対策の要だ」と指摘している。

ＮＢＣテロ捜査隊には、外気が入り込まないように通常より気密性を高めてある化学防護車や化学防護服が配備されている。これは毒ガスを使った無差別テロ事件の初動捜査を想定したものだ。

また事件現場で放射線が漏れた場合に対応するための放射線防護シートや、約一三万種類の化学物質のデータを内蔵した検知器、毒ガスの種類を瞬時に特定する探知機など、国内では初めてという最新鋭の機材も設立当初から配備され、初期設備投資は総額一億円にも上ったのである。

公機捜は要請があれば全国の事件現場に派遣される。また海外でも大きなテロ事件が

初動捜査にそなえ検知訓練を行う警視庁・NBCテロ捜査隊

あれば、出張って経験を積んでいるのだ。平成一六年のスペイン列車爆弾テロや同一七年に英国のロンドンでバスや地下鉄が爆破された同時爆弾テロ事件でも現地に派遣されている。

このため隊員には英語力が必須となっている。装備も米国製かドイツ製のものがほとんどなので、最低でも英語は読めなければ仕事にならないのである。

このNBCテロ捜査隊が、翻弄されたのが「白い粉」郵送事件である。米同時テロの直後に米国で起きた炭疽菌郵送事件を受けて、直後の平成一三年秋に日本でも摸倣犯が相次いだ。「隊員が突然、職場から行方不明となり、心配して探したらトイレで卒倒してそのまま寝ていた。細菌テロへの緊張感と極度の疲労が原因だった」。公安部の元幹部はこう振り返った。

なにせ性質《たち》の悪いイタズラが、わずか一〇日間で約一二〇件。隊員らの心身の疲労が限界に達したのも無理のない話である。

ＮＢＣテロの捜査を専門とする部隊は警視庁の公機捜を皮切りに、北海道、宮城、千葉、神奈川、愛知、大阪、広島、福岡の全国九都道府県警で次々と配備されたが、「公機捜はその中でも精鋭中の精鋭部隊」（警察庁幹部）である。同じように化学防護服を身にまとった警視庁機動隊内のＮＢＣ部隊（化学防護隊）と混同されがちだが、機動隊は被害者の救助と、中和剤をまいて除染し現場を洗浄するなどの被害拡大防止が主な役目であるのに対し、公機捜はあくまでも犯罪捜査がメインである。もちろん状況に応じて現場の除染なども行うが、基本は化学物質の判別や証拠採取が最重要任務なのである。

東日本大震災に起因する東京電力福島第一原発事故の放射線漏洩の影響で、避難指示が出された福島県内の地区において、背中に「警視庁」と書かれた化学防護服を着て遺体や行方不明者の捜索に当たる姿が新聞などの報道写真で紹介されたのは、機動隊の部隊だ。一方、報道で活動の映像が紹介されることはほとんどなかったが、震災直後から福島第一原発周辺で放射線量の測定を継続し、人災とも言われる原発事故の影響に目を光らせていたのが、少数精鋭の公機捜ＮＢＣテロ捜査隊だったのである。

有数の頭脳集団

公機捜は理系の専門知識を生かした研究家肌の「頭脳集団」でもある。平成一五（２００３）年には天然痘ウイルス感染の有無を短時間で調べる判別キットの開発にも成功しているほどだ。天然痘ウイルスは世界保健機関（ＷＨＯ）が昭和五五（１９８０）年に根絶を宣言。米国と旧ソ連以外では廃棄されたが、旧ソ連からのウイルス流出の噂もあり、アルカーイダがアフガニスタンで生物兵器化の実験をしていたともいわれる致死性の高い危険なウイルスである。

米同時テロ以降、公安部は日本へのテロ攻撃に備えて準備を始め、バイオテロについても着々と研究を進めていたのだ。天然痘は感染から四日以内のワクチン接種が効果的とされるため、判別キットは「治療や隔離で二次感染を防ぐのに大いに役立つ」（医療関係者）とされる。公機捜は天然痘ウイルスによるバイオテロという最悪の事態にも、対応できる体制を整えているのである。

平成七（１９９５）年三月、当時の国松孝次警察庁長官が何者かに拳銃で撃たれ瀕死の重傷を負ったいわゆる「長官銃撃事件」で、警視庁公安部は平成二二年三月三〇日午前零時の時効成立を受けて、「オウム真理教の信者グループによるテロ」と断定した捜査結果を公表した。異例の捜査結果公表は「刑事司法で検証されない一方的な発表」「捜査の失敗を棚に上げたものだ」といった指摘、批判を受けた。このため公安部は捜査の検証作業を行い、平成二三年二月一八日、検証結果を公表している。

その検証結果では、初動捜査と取り調べ、科学捜査の三点について問題があったとした上で、科学捜査の体制を強化するため、証拠の科学鑑定にどのような先端技術を採用するかを判断する「科学捜査班」を公機捜内に新設することを明らかにしている。公機捜の「頭脳集団」としての活動範囲は広がるばかりなのである。

消えた放射性物質

ＮＢＣテロ捜査隊の実力が大いに発揮されたケースを紹介しよう。

文部省（現文部科学省）に平成一二（２０００）年六月六日、茶封筒が届いた。茶色い粉末に「放射能物質」と書かれたメモが添えられ、文部省が所管していた財団法人「日本母性文化協会」の最高顧問を名指しして「北朝鮮にウラン物質を密売している」と

「告発」したのである。

粉末は、トリウムやウランを含み放射線を持つ物質「モナザイト」で、確かに一時間当たり約一マイクロ・シーベルトの放射線が検出された。人間は自然界から年間平均で二・四ミリ・シーベルト（毎時換算で〇・二七マイクロ・シーベルト）の放射線を受けているが、原発の作業員などを除いた一般人が自然界以外から受けても健康被害が無いとされる年間許容量の国際基準の上限は、一ミリ・シーベルト（毎時換算で約〇・一一四マイクロ・シーベルト）とされ、その数値を上回っていた。同じ封筒は他にも首相官邸や警察庁、防衛庁（現防衛省）など政府系九機関に郵送され、公機捜などが鑑定作業に当たったのである。

モナザイトは財団理事長の実兄がその二〇年前にタイから原石約一五〇トンを輸入し、約二〇トンに精製していたが、実兄の死後、理事長が引き継ぎ、ラジウム温泉の建設を計画していたものだったという。だが計画はうまくいかず、最高顧問が理事長に代わって売却先を探していたのである。抽出すれば微量のウランが採取できることから、複数のブローカーらが核開発を進める北朝鮮への売却を画策していた。

しかも、二〇トンあるはずのモナザイトが一部なくなっていることが分かり、公安部は二人を厳しく追及した。公安部の事情聴取に最高顧問は「軍事利用できる物質だから、間違っても共産圏には売らない。半年ほど前『平和目的で使うので在庫を全部売ってほしい』という打診があったが、北朝鮮の関係者と分かったので中止した」と供述。一方で理事長は「一部を三重県鳥羽市内の元ホテル経営者に売った」と打ち明けたのだ。「元ホテル経営者から北朝鮮に流出したのでは」。公安部幹部はそう考えた。

平成一二年六月一六日、公安部は公機捜のＮＢＣテロ捜査隊を鳥羽市に派遣。平成一〇年に倒産したホテルの元経営者が所有する無人のホテル従業員寮の庭の土中から、モナザイト約八キロを発見したのである。モナザイトは地下二〇センチ、直径一五センチの穴に入れられ、土がかけられた上にトタン板が乗せられていた。測定された放射線量は、土の表面で毎時五マイクロ・シーベルト、モナザイト自体は同四〇マイクロ・シーベルトと高い数値であった。

元ホテル経営者の男性は公安部に対し、「理事長から『風呂に入れると温泉になる』と持ちかけられて購入の商談を進め、（前年末に）サンプルとして八キロを入手した」と説明。「一グラム当たり数十円の値で、トン単位で買う予定だったが、現金を用意できず、売買は立ち消えになった」と語り、モナザイトが首相官邸などに送り付けられたことを報道で知り、怖くなったため、発見三日前の六月一三日、従業員寮内に保管していたモナザイトを地中に埋めたのだった。結局、北朝鮮という素性を隠した上でモナザイトの商談が進められていた事実はあったが、実際に輸出された形跡はなかった。元ホテル経営者に売却されたわずかながらのモナザイトも全て回収された。

驚くべきことに、原子炉等規制法には「貯蔵」「運搬」「譲渡」についての定めがないことから、理事長や最高顧問、元ホテル経営者は罪に問われることはなかった。一方、モナザイトを送りつけた人物は、モナザイトの売却先を探していたブローカーの一人と分かり、公安部の取り調べに対して男が「途中で儲け話から仲間外れにされた腹いせと、核物質を持たせてはいけない北朝鮮への売却話を阻止しようとの思いから、告発した」と供述したことから、禁制品の郵送を禁じた郵便法違反容疑で六月一七日に逮捕された。男は六月四日の夜、茶封筒一〇枚にモナザイトの粉末数グラムを入れ、東京都立川市高松町のポストから、首相官邸や文部省、警察庁などに送りつけており、郵便法違反罪で東京簡裁に略式起訴され、罰金三〇万円の略式命令を受けたのである。

ちなみに、公機捜は放射性物質の検知といったかなり専門的な作業以外に、騒音の測定というシンプルな仕事を行うこともある。

平成一四（２００２）年七月四日午後一時五五分ごろ、警視庁公安三課は東京都暴騒音規制条例違反容疑で岡山市寿町に住む上京右翼「民族政治研究同友会」幹部の男を現行犯逮捕した。

男は東京都中央区新富の路上で、拡声器を使い同条例の規制値を超える音量で「ゼンキョーフンサーイ（全教粉砕）」と繰り返し叫び、中止命令にも従わなかったために逮捕された。翌五日に始まる全教の第一八回定期大会に抗議する多数の右翼団体が、二〇〇台を超える街宣車で激しい街宣活動を展開しており、住民から騒音の苦情が相次いでいたのだ。全教とは、日本共産党に近い立場にある全日本教職員組合のことである。

条例では街宣車の拡声器から一〇メートル離れた地点で「暴騒音」と規定される八五デシベルを超える音量を出したときに初めて、逮捕できるが、こうした右翼の街宣の騒音を計測器で測定するのも、公機捜の仕事なのである。この事件では警視庁警備部の機動隊に配備されている測定器が使われたもようだが、公機捜も独自に測定器を所有しており、特に悪質な街宣が行われれば出動命令が下され、測定の任務に当たっている。

国際テロリズム緊急展開班

ここまで公安警察の仕事について、警視庁公安部のそれぞれの課別に解説を加えてきた。最後に、警視庁の課ではないが、今後重要性を増すであろうチームについて触れておこう。

「国際テロリズム緊急展開班」（ＴＲＴ－２）である。平成八（１９９６）年一二月に発生したペルーの日本大使公邸人質事件を教訓として、海外で日本人が巻き込まれた人質事件などのテロ事件で現地へ迅速に捜査員を派遣するため、警察庁に平成一〇年四月、「国際テロ緊急展開チーム」（ＴＲＴ）が発足。平成一六年にこれを発展改組し、ＴＲＴ－２に衣替えしたのである。

まだＴＲＴだった時代は、邦人の被害把握や情報収集が主な任務だったが、平成一五年七月の刑法改正で、日本人が海外で殺人など凶悪事件の被害にあった場合に日本の刑法（殺人罪など）が適用できる「国外犯規定」が新設され、現地の捜査機関との捜査協力や人質交渉の支援が可能になった。メンバーは警察庁警備局の国際テロリズム対策課員を中心に警察庁職員と都道府県警察から選抜された捜査員の総勢約一一〇人程度の規模である。

実はこのＴＲＴ－２で、一線の現場を任される主要メンバーは警視庁の捜査員なのである。国際テロ捜査を担う外事三課と刑事部の鑑識課、そして公機捜が「中核」を占めているのだ。爆弾テロの鑑識活動では高度な特殊技能を持っている公機捜はＴＲＴ－２には欠かせない存在となっている。

彼らが派遣された有名な事件としては、香田さん誘拐事件が挙げられる。

平成一六（２００４）年一〇月二七日未明（日本時間）、福岡県直方市出身の香田証生さん（当時二四歳）が、恐怖心に押しつぶされそうな表情で語りかけてくる動画が、インターネットで配信された。

「彼らは日本政府に自衛隊の（イラクからの）撤退を求めています。さもなくば、僕の首をはねると言っています。あと、また日本に戻りたいです」

香田さんは同月一八日にイスラエルからヨルダン入りし、二一日にイラクの首都バグダッドに着いたが、二三日以降、消息を絶っていた。

「彼ら」とはイスラム系テロ組織「イラク・アルカーイダ機構」だ。香田さんは拉致され、日本時間の三一日未明、バグダッド市内で遺体となって発見されたのである。テロリストたちの要求は四八時間以内の自衛隊撤退だった。自衛隊がそんな短時間で撤退できるはずもなく、日本政府がなすすべもないまま、香田さんは殺害されてしまったのである。しかもその殺害シーンの動画までも公開された。この事件で、邦人を人質にしたテロに対応するため現地に派遣されたのがＴＲＴ－２だった。

ただし、香田さんの事件でＴＲＴ－２は無力だった。まだまだ過渡期のセクションだといえる。

平成一七年一〇月にバリ島で起きた爆弾テロでは、現地からの派遣要請を受けて公機捜が、今度は隊単独ではなくＴＲＴ－２の一員として現地入りしている。

終章　公安調査庁の実力は

破防法というカード

「公安」と冠された組織には、国や自治体の公安委員会や警視庁公安部、道府県警の警備部にある公安課などがあることは既にご紹介した。さらに東京地検公安部など検察庁にも公安部はある。検察庁の公安部は公安警察が送検した事件を起訴するか、不起訴とするかを決めるセクションだ。だが近年はゲリラなどの公安事件が激減したため、薬物事件や暴力団などの組織犯罪も扱うようになっていて、「公安」色は薄まっているのである。ノリピー（酒井法子）の覚醒剤事件で元東京地検公安部長の若狭勝弁護士が頻繁にコメンテーターとしてテレビに登場したのはこのためだ。

法務省の外局である公安調査庁も公安を冠した組織である。公安関係者の間では「公調」などと略されることが多い。序章でも触れたが、特高警察出身者の受け皿の一つとなった組織である。特高警察は戦後、解体され、占領初期の「軍国主義者を主たる対象とした公職追放」で公職から追放されたが、冷戦が始まり占領政策が急転換したことで、「公安警察」として復活した。ただし、一部が警察には戻らず、新設された公安調査庁に再就職したのである。

公安調査庁の前身は昭和二四（１９４９）年、ＧＨＱにより法務府（現法務省）に設置された特別審査局である。特高を解体し警察の民主化を進めていたＧＨＱは当初、右翼や左翼の監視を警察ではなく、新たに創った法務府特別審査局に行わせたのだ。

特別審査局は公職追放された人物の監視にも当たっていた。だが冷戦が本格化する中、日本共産党や左翼の監視が特に重要視されるようになり、昭和二七年、共産党や左翼団体の規制を念頭に制定された破壊活動防止法（破防法）の施行にあわせて法務府から衣替えした法務省の外局として、特別審査局が公安調査庁に生まれ変わったのである。破防法は破壊活動を行う危険がある団体の活動制限や解散などの規制ができる法律だ。

年に一度の冊子

公安調査庁の監視対象は、こうした設立経緯もあり、基本的に公安警察と同じである。

発足当初は特高ＯＢらが加わったことで、豊富な経験値とノウハウが注ぎ込まれ、かなりの情報収集力があったと言われている。平成七（１９９５）年の地下鉄サリン事件など一連のオウム真理教事件を受けて、平成一一年一二月三日に成立した団体規制法によって、無差別大量殺人を過去に行った団体が現在も危険性を保持している場合、その団体を調査し、処分する権限も加わった。

国内外の情報を収集し「内外情勢の回顧と展望」という冊子にまとめて年に一回発表している。法務省に入る公安調査庁本庁では総務部、調査一部、調査二部の三部制がとられており、調査一部は警視庁公安部で言うところの公安総務課から公安三課が受け持つ範囲を、また調査二部は外事一課から外事三課が受け持つ範囲を調査対象にしている。

もちろん総務部は公安総務課の庶務担当と管理担当に相当しており、会計など本来の「総務」を担当している。このほか札幌、仙台、東京、名古屋、大阪、広島、高松、福岡の全国八か所に公安調査局があり、静岡など全国一四か所に公安調査事務所があるのだ。団体規制法による規制では、団体側に役職員や構成員の住所、氏名や財産の報告を義務付けた上で、公安調査庁の調査官に関係施設への立ち入り検査を認める「観察処分」と、活動を一部禁止することができる「再発防止処分」がある。

ともに破防法の団体規制と同様、公安審査委員会が公安調査庁長官の請求を審査し、決定する。基本的人権を侵害しないように、最小限度の適用にとどめることや乱用の禁止も定めている。この公安審査委員会も、破防法施行と同時に設置された法務省の外局で、団体規制法の成立により、観察処分などの適否を決定する新たな権限が加わった。

委員は七人で、国会の同意を得て首相が任命し、任期は四年である。元裁判官や弁護士、大学教授などが選ばれることが多いようである。決定には委員長を含む四人以上の出席で委員会を開き、過半数の賛成が必要となる。

権限の乏しさ

そもそも団体規制法は、公安審査委員会がオウム真理教に対する破防法の適用を認めなかったため、オウム真理教を規制する別の法律が必要となって出来たものだ。だから「オウム新法」とも呼ばれている。

公安審査委員会は平成九年一月三一日、オウム真理教に対して破壊活動防止法に基づく団体規制処分を求めていた公安調査庁長官の請求を棄却したが、それは全国の警察による強制捜査や宗教法人格の剝奪によって状況が変化し、「近い将来、破壊活動に及ぶ明らかな恐れがあるとは言えない」と判断したからである。

一方、団体規制法は平成一一年末に成立。公安審査委員会は翌年一月二八日付で、最長三年間のオウム真理教の観察処分を決定した。「将来的には再び無差別大量殺人に及ぶ危険性がある」と判断したからだ。近い将来でなければならない破防法より、ハードルが低いために規制が適用できたのである。平成一五年一月と同一八年一月、同二一年一月に最長三年間の観察処分が更新されており、公安調査庁の立ち入り検査はこれに基づく調査の一環として行われている。立ち入り検査は家宅捜索のような強制捜査ではなく、あくまでも任意の検査だ。ただし、検査を拒否した場合には団体規制法で一年以下の懲役又は五〇万円以下の罰金の罰則が設けられている。

平成二二年一一月一日には、全国一四都道府県にあるオウム真理教の施設計約三〇か所に公安調査庁による一斉立ち入り検査が入った。教団主流派の「アレフ」と、分派した上祐史浩氏が率いる「ひかりの輪」の両施設が対象となった。

ただ、公安調査庁の手持ちカードはこのオウム真理教に対する団体規制法の観察処分ぐらいで、権限が非常に乏しい。観察処分となった団体はオウム真理教しかない上、公安警察のように、家宅捜索や逮捕などの強制捜査権は一切ない。公安警察が持つ刑法や特別法などのカードがないことから、発足当初ほどの調査力は現在、全くと言っていいほどない。定員は全国で現在わずか約一五〇〇人である。警視庁の公安部門が東京都内だけで二千数百人規模を誇り、さらに制服警察官のネットワークも活用していることを考えると、段違いに規模が小さいのだ。

だから、全国津々浦々に警察署がある警察組織にかなうはずはなく、情報収集力は公安警察の足下にも及ばない。昭和三五（1960）年ごろから、職員をCIAに研修派遣している警察に対し、公安調査庁はようやく平成五（1993）年からCIAへの研修派遣が始まっている。ここでも警察の後塵を拝しているのである。

過激派メンバーの高齢化もあり、公安調査庁は近年、リストラ対象として度々狙われてきた。実際に公安調査事務所はかつて、最大で全国に四三か所もあったのだ。マスコミや警視庁公安部の捜査員の中には、真偽不明でおおよその場合、ガセネタであることの多い公安調査庁の情報を「九段情報」などと呼んで揶揄する人もいる。なぜ「九段」なのかというと、首都東京などの情報を扱う公安調査庁の関東公安調査局が東京・九段南の九段合同庁舎に入っているからである。

道府県警の公安部門

警視庁以外の道府県警の公安警察についても、最後に簡単に触れておく。規模の大きな例では、まず警察官の定員が全国第三位の神奈川県警察本部をみてみる。神奈川県警の警備部には公安一課から三課までと外事課、警備課、危機管理対策課の計六課がある。このうち公安部門は公安一課から三課までと外事課の四課である。ただし、公安一課は警備部の筆頭課として、公安部門だけでなく、機動隊の運用や資機材の経理など警備部門の「総務」も兼ねているのだ。

全国二位である大阪府警の警備部には、警備総務課、公安一課から三課までと外事課、警備課、警衛警護課の計七課がある。この中で公安部門は公安一課から三課までと外事課の計四課に加え、筆頭課である警備総務課が担う。公安一課から三課まである大規模な警察本部では、一課が共産党やオウム真理教など、二課が右翼、三課が過激派という分担がほとんどである。

だが既に述べたように、この分担は警視庁公安部の公安一課から三課までの分担とは、全く異なる。ここは、警視庁公安部の特殊な点の一つだ。また大阪府警の公安一課と二課は捜査対象の「視察」に特化されており、「逮捕」は警備総務課が担当するという変則的なシステムになっている。大阪府警の警備総務課は公安、警備の両部門の「総務」を担当しているだけでなく、公安部門の強制捜査も一部担当しているのである。ちなみに、序章で紹介したように、北海道警の方が大阪府警や神奈川県警より警察署が多いのは、言うまでもなく、管轄する地域の面積が格段に広いからである。

規模の小さい県警の例も示してみたい。警察官の定員が約一六〇〇人の山梨県警の警備部には、警備一課と警備二課の二つしかなく、公安部門は警備一課が担っている。ただし、専従ではなく、警備部全体の「総務」も担当している。

また山梨より少し規模が大きい定員約二九〇〇人の鹿児島県警の警備部では、公安課と警備課の二つの課しかない。人員が山梨県警より多い上、海に面しているため内陸部の県よりは外事部門が重要となるなど「公安」部門の重要性が高いことから、公安課は公安の名を冠しているが、山梨県警の警備一課と同様に、警備部全体の「総務」を兼務する課である。警視庁公安部の規模がいかに群を抜いており、専門別に担当課が細分化されているかが、改めてよく分かるだろう。

おわりに

平成二二（2010）年一〇月二八日、警視庁公安部外事三課の捜査資料一一四件がインターネット上に流出する事件があった。その資料の中身は、イスラム教徒に対してテロリストの疑いの目を向け、追いかけ回している内容である。

一国民として考えると、もしテロが計画されようとしているのならば、こうした日頃の内偵捜査は大切だと思う。一方で「人権」という視点からみると、イスラム教徒というだけで疑いの目で見るのは、いかがなものかとも思う。

序章でも述べたように、治安を担う情報機関や警察、軍隊は政治体制を守る方に重心が置かれるために、時として人権を軽視する傾向があることは確かだろう。まして、独裁国家であればその傾向は顕著である。共産党一党独裁の中国で、反政府デモが警察や軍によって弾圧される様子は、テレビでも見かける。

だが日本は民主主義国家である。選挙によって国民が政権を選択し、警察の「行き過ぎ」に待ったをかけることができる。一方、公安警察が大きな情報力を持つのは、警察の権限を目的外でも使用しているからである。本書の中でも述べた、別件で令状を取った家宅捜索などにより情報を得る手法がそれだ。

もちろん公安警察が情報を得ようとするのは、テロやスパイ活動を防ぐためであり、それは一般国民の利益にもつながる部分はある。重要なことは、国民が関心を持って公安警察の「やり過ぎ」「行き過ぎ」をチェックすることだ。

そのためには、公安警察がどんな活動をしているのかを知る必要がある。この本は公安警察の中でも、最強の部隊である警視庁公安部の各セクションが、普段どのような仕事をしているのかを、具体的な事件を例示して解説しようと試みたものである。

そもそもマスコミでは、慣習的に公安部が扱う事件を「警視庁公安部は」とだけ報じ、どこの課が担当しているかを書かない。刑事部など他部では「警視庁捜査一課は」「警視庁捜査二課は」「警視庁生活経済課は」「警視庁組織犯罪対策四課は」などと課ごとのクレジットで書くのに、である。これは安保闘争やゲリラ闘争が激しかった時代に、過激派などに狙われないよう、各課がどんな相手を捜査対象としているか具体的に分からないように配慮していた名残だとも言われている。

だが公安部の各課が扱った実際の事件の中身を見ていけば、その捜査手法の是非について、読者の方々も色々な感想を抱くはずだ。例えば、麻生総理の自宅を見に行くデモ参加者の逮捕は仕方がないものだったのか、行き過ぎだったのか。様々な意見があると思う。多くの国民がそういう目で普段のニュースを見れば、公安警察に暴走があった場合に歯止めをかけることができるのではないか。

「はじめに」で、公安警察は刑事を尾行したりすることもあり得るとお話した。ここまで読み進んできた読者自身も、ひょんなことから公安警察に監視されることになる可能性が、ゼロとは言えないことにお気づきだろう。

本書では安保闘争や旧国鉄（ＪＲ）をめぐる組合闘争、連合赤軍事件など、公安警察を語る上では欠かせない歴史的事件・事象の説明は極力避けた。これまでに十分な関連書籍が出ていることに加え、本書を難しい歴史の教科書のようなものではなく、今現在の警視庁公安部の姿が見えてくるような読み物にしたいと思ったからである。

筆者が知る限りでは、公安警察に身を置く人たちには「誰かがやらなければ」という強い正義感を持っている人が多い。一方で、汚れ役を自任するあまり、国と国民を守るためには場合によって手段を選ばなくてもいいという独善に陥る危険性を孕んでいるようにも思う。
だからこそ、一般の国民も公安警察を知るべきなのである。ぜひ、本書をその入門書として役立てて欲しい。そう切に思う。

平成二三（2011）年七月

大島　真生

全国47都道府県警の警備・公安担当課一覧

〈表記〉

・上から警察本部の規模が大きい順。順番は警察法施行令別表第2の定員基準に基づくもので、必ずしも人員の実数の順ではない。

・警視庁は公安部と警備部に、他の道府県警は警備部に所属する課を列記した。

・四角内は公安部門を担当する課で、網掛けがあるのは警備部門を兼務する。つまり網掛けがない課は公安部門専従。左端の網掛けは、筆頭課として警備部門の総務を兼務する。

・左端以外の網掛けは、公安部門の捜査と警備部門を兼務する（公安2課が網掛けになっている場合は、警備部門のうち警衛・警護を兼務。警備課又は警備2課が網掛けの場合は、警備部門を中心とする課だが、公安部門のうち右翼の捜査を兼務しているケースが多い）。

警視庁	公安総務課	公安1～4課	外事1～3課	警備1～2課	災害対策課	警衛課	警護課	
大阪府警	警備総務課	公安1課	公安2課	公安3課	外事課	警備課	警衛警護課	
神奈川県警	公安1課	公安2課	公安3課	外事課	警備課	危機管理対策課		
愛知県警	公安1課	公安2課	公安3課	外事課	警備課	災害対策課		
兵庫県警	公安1課	公安2課	公安3課	外事課	警備課	災害対策課		
埼玉県警	公安1課	公安2課	公安3課	外事課	警備課	災害対策課		
福岡県警	公安1課	公安2課	公安3課	外事課	警備課			
北海道警	公安1課	公安2課	公安3課	外事課	警備課			
千葉県警	公安1課	公安2課	公安3課	外事課	警備課			
京都府警	公安課	外事課	警備1課	警備2課	警備3課			
静岡県警	公安課	外事課	警備課	災害対策課				
広島県警	公安課	外事課	警備課					
茨城県警	公安課	外事課	警備課					
新潟県警	警備1課	外事課	警備2課					
宮城県警	公安課	外事課	警備課					
岐阜県警	警備1課	警備2課						
岡山県警	公安課	外事課	警備課					
群馬県警	警備1課	外事課	警備2課					
長野県警	警備1課	警備2課						
栃木県警	警備1課	警備2課						
福島県警	公安課	外事課	警備課					
山口県警	公安課	外事課	警備課					

長崎県警	公安課	外事課	警備課
熊本県警	警備１課	外事課	警備２課
三重県警	警備１課	警備２課	
鹿児島県警	公安課	警備課	
沖縄県警	警備１課	外事課	警備２課
奈良県警	警備１課	警備２課	
愛媛県警	公安課	警備課	
青森県警	警備１課	外事課	警備２課
滋賀県警	警備１課	警備２課	
和歌山県警	公安課	警備課	
岩手県警	公安課	警備課	
大分県警	警備１課	警備２課	
宮崎県警	警備１課	警備２課	
山形県警	警備１課	警備２課	
石川県警	公安課	警備課	
秋田県警	警備１課	警備２課	
富山県警	公安課	警備課	
香川県警	公安課	警備課	
佐賀県警	警備１課	警備２課	
福井県警	公安課	警備課	
山梨県警	警備１課	警備２課	
高知県警	警備１課	警備２課	
徳島県警	公安課	警備課	
島根県警	警備１課	警備２課	
鳥取県警	警備１課	警備２課	

（筆者調べ）

全国植樹祭など、天皇陛下の来訪する大規模行事にあわせて各警察本部の警備部に臨時に設置される警衛対策課や、平成22（2010）年に横浜で開催されたアジア太平洋経済協力会議（APEC）のため、神奈川県警警備部に平成21（2009）年6月から臨時に置かれていたAPEC対策課（廃止）のような、臨時の課は除いた。

●参考文献

『公安アンダーワールド』別冊宝島編集部／宝島SUGOI文庫／二〇〇九年
『公安警察スパイ養成所』島袋修／宝島SUGOI文庫／二〇〇九年
『実録・警視庁公安警部　外事スパイハンターの30年』泉修三／新潮文庫／二〇一〇年
『ドキュメント秘匿捜査　警視庁公安部スパイハンターの３４４日』竹内明／講談社／二〇〇九年
『日本の公安警察』青木理／講談社現代新書／二〇〇〇年
『謎の独裁者・金正日　テポドン・諜報・テロ・拉致』佐々淳行／文春文庫／一九九九年

以上の書籍の他、朝日、毎日、読売、産経の各新聞の過去記事を参照させて頂いた。

大島真生　1968（昭和43）年東京都生まれ。早稲田大学政治経済学部卒業。産経新聞社に入社、警視庁公安部・警備部担当、宮内庁キャップ等を歴任。著書に『愛子さまと悠仁さま』（新潮新書）。

Ⓢ新潮新書

433

公安《こうあん》は誰《だれ》をマークしているか

著　者　大島真生《おおしままなぶ》

2011年８月20日　発行
2012年４月10日　10刷

発行者　佐藤隆信

発行所　株式会社新潮社

〒162-8711　東京都新宿区矢来町71番地
編集部(03)3266-5430　読者係(03)3266-5111
http://www.shinchosha.co.jp

図版製作　株式会社クラップス

印刷所　錦明印刷株式会社

製本所　錦明印刷株式会社

ISBN978-4-10-610433-6　C0231

価格はカバーに表示してあります。